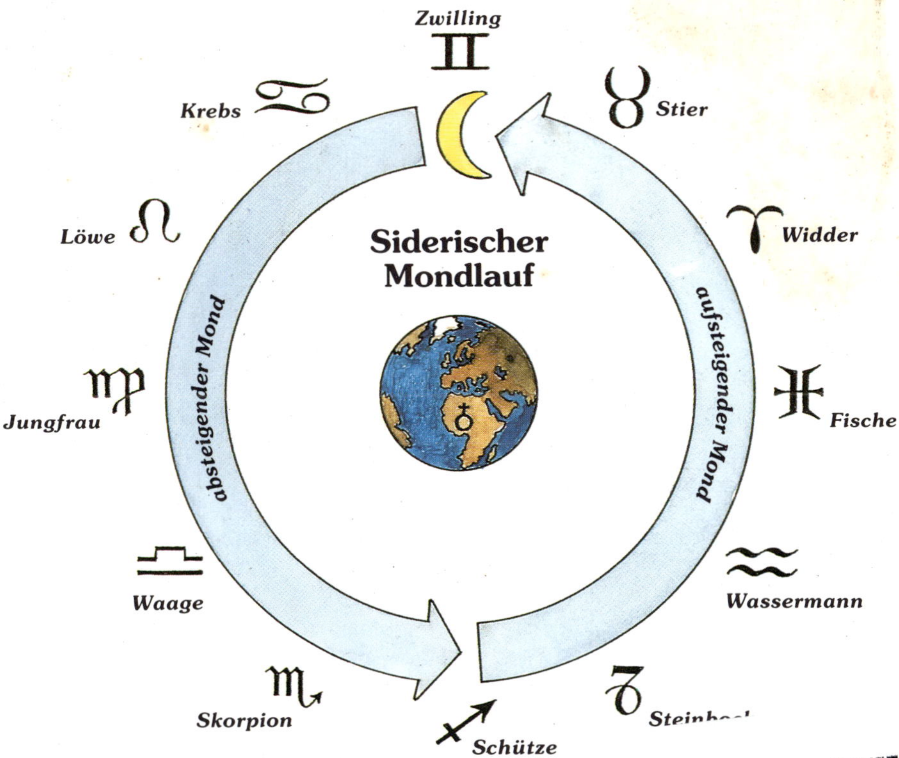

Zwilling
Stier
Krebs
Widder
Löwe
Siderischer Mondlauf
absteigender Mond
aufsteigender Mond
Jungfrau
Fische
Waage
Wassermann
Skorpion
Schütze
Stein

Frucht-Trigon
(Wärme)
urzel-Trigon
(Erde)
Blüten-Trigon
(Luft/Licht)
Blatt-Trigon
(Wasser)

Maria Thun

Erfahrungen für den Garten

Aussaattage
Pflanzzeiten
Erntetage

Zusammengestellt für den
Hobbygärtner von
Angelika Throll-Keller

Franckh-Kosmos

Mit 98 Fotos von Rolf Bühl, Stuttgart: 81, 86 o., 87 o., 93 o.; Keller, Stuttgart: 38, 66, 103; Andrea Kögel, Baden-Baden: 37, 121; Reinhard-Tierfoto, Heiligkreuzsteinach-Eiterbach: 2, 20, 24, 26, 29, 30, 35, 43, 45, 48, 55, 56, 57 o., 58, 59, 60 o.l., 60 o.r., 60 u.l., 61, 65, 69, 70, 74, 77, 79, 82, 84, 86 u., 87 u., 88, 89, 93 u., 95, 99 o.l., 99 o.r., 106, 111, 113, 114, 117, 119; Siegfried Stein, Vastorf: 57 u.; Maria Thun, Biedenkopf/Dexbach: 6, 8, 10, 12, 16, 17, 19 o., 32, 34, 40, 42, 49, 52, 68, 96, 97, 107, 108, 112, 115 u.; Jürgen Wolff, Gengenbach: 18, 19 u., 23, 27, 60 u.r., 85, 99 u., 101, 104, 110

Umschlaggestaltung von Atelier Reichert, Stuttgart, unter Verwendung von zwei Farbfotos von Angelika Keller, Stuttgart, und von Zeichnungen von Marianne Golte-Bechtle, Stuttgart

Zusammenstellung der Quellen von Gudrun Braun, Stuttgart

ISBN 3-440-06738-6
Lektorat: Angelika Throll-Keller
Herstellung: Lilo Pabel
Printed in Germany/Imprimé en Allemagne
Satz: Steffen Hahn GmbH, Kornwestheim
Druck und Buchbinder:
Westermann Druck Zwickau GmbH

Mit 50 farbigen Zeichnungen und einer schwarzweißen Zeichnung von Marianne Golte-Bechtle, Stuttgart: vordere und hintere Umschlagklappen, Umschlagseite 2 und 3; Reinhild Hofmann, München: 21, 25, 28, 36, 67, 72, 78, 90, 92, 98, 100, 102, 105, 109, 115 o., 118, 120; Horst Lünser, Berlin: 41; Johannes-Christian Rost, Stuttgart: 1, 14, 39, 44, 46, 51, 53, 75, 80, 128

Die Deutsche Bibliothek –
CIP-Einheitsaufnahme

Erfahrungen für den Garten: Aussaattage, Pflanzzeiten,
Erntetage / Maria Thun. Zsgest. für den Hobbygärtner von
Angelika Throll-Keller. – Stuttgart: Franckh-Kosmos, 1994
ISBN 3-440-06738-6
NE: Thun, Maria; Throll-Keller, Angelika [Hrsg.]

Alle Angaben in diesem Buch sind sorgfältig geprüft und geben den neuesten Wissensstand bei der Veröffentlichung wieder. Da sich das Wissen aber laufend und in rascher Folge weiterentwickelt und vergrößert, muß jeder Anwender prüfen, ob die Angaben nicht durch neuere Erkenntnisse überholt sind. Dazu muß er zum Beispiel Beipackzettel zu Dünge-, Pflanzenschutz- bzw. Pflanzenpflegemitteln lesen und genau befolgen sowie Gebrauchsanweisungen und Gesetze beachten.

ERFAHRUNGEN FÜR DEN GARTEN

Mähdrescher: Die größeren Getreideversuche werden mit dem Mähdrescher geerntet und die Brotqualitätsunterschiede später im Backvergleich geprüft.

VORWORT

Die vorliegende Schrift gibt einen Überblick über die Ergebnisse unserer Arbeit, sofern sie schon in Einzelbeiträgen in verschiedenen Zeitschriften erschienen sind oder in unseren Schriften im Eigenverlag veröffentlicht wurden.Die Themen sind aus der Gesamtarbeit so ausgewählt, daß die Anbaufragen, die den Hausgärtner bewegen, im Mittelpunkt stehen.

Die Versuche sind auf der Grundlage der biologisch-dynamischen Wirtschaftsweise durchgeführt. Diese Methode wurde entwickelt nach Empfehlungen Rudolf Steiners, wie er sie in einem Kurs von acht Vorträgen 1924 für Landwirte und Gärtner gegeben hat. Diese Arbeitsweise ist die älteste der heutigen alternativen Landbaubestrebungen. In vielen Anbauvergleichen wurde sie mit anderen biologischen oder mit konventionellen Methoden verglichen. Bei den an verschiedenen Stellen in diesem Buch erwähnten Präparaten haben wir es mit Empfehlungen Rudolf Steiners zu tun wie auch bei dem Umgang mit Veraschungen von tierischen Schädlingen oder Unkräutern.

Durch die langjährigen Forschungen konnten wir vielseitige Differenzierungen und Erweiterungen im Hinblick auf die kosmische Beziehung herausarbeiten, die für den Praktiker von großem Nutzen sein können.

Mitarbeiterin bei der Ölauswertung. Die verschiedenen Behandlungsweisen bei den Ölpflanzen zeigen sich deutlich bei der Ölgewinnung.

Maria Thun

DER TIERKREIS

Der Tierkreis besteht aus zwölf Sternbildregionen, vor denen wir von der Erde aus die Sonne im Jahreslauf erleben. Der Mond und alle Planeten bewegen sich nur vor diesen Sternbildern. Bei dem Vorbeigang des Mondes und der Planeten an diesen Regionen vermitteln sie Impulse auf die Erde (siehe Zeichnung auf der ersten Klappe des Umschlages).

Die Pflanze hat die Fähigkeit, Wirkungen, die von diesen Gestirnen ausgehen, in ihrer Gestalt sichtbar zu machen. Auch in der Bildung von Nahrungssubstanzen, wie zum Beispiel Eiweißen, Fetten, Kohlenhydraten und Salzen, läßt sie sich von kosmischen Rhythmen anregen und im Wachstum impulsieren.

Die Grenzen bzw. Übergänge von einem Sternbild zum nächsten fanden wir, indem wir mit vielen Pflanzen stündlich Aussaaten machten. Dies war zwar ein riesiger Arbeitsaufwand, aber die Pflanzen zeigten uns den Weg der Einzelimpulse deutlich. Dabei traten Verschiebungen auf während der Erdnähe (Pg) und der Erdferne (Ag) des Mondes, die für jedes Jahr neu festgestellt werden müssen, um sie für die Angaben in unserer Schrift „Aussaattage“ benutzen zu können.

Die Sonne steht in der Gegenwart zu folgenden Zeiten vor den angegebenen Tierkreissternbildern:

- Fische vom 11. März bis 17. April
- Widder vom 18. April bis 12. Mai
- Stier vom 13. Mai bis 19. Juni
- Zwillinge vom 20. Juni bis 18. Juli
- Krebs vom 19. Juli bis 9. August
- Löwe vom 10. August bis 14. September
- Jungfrau vom 15. September bis 31. Oktober
- Waage vom 1. November bis 18. November
- Skorpion vom 19. November bis 18. Dezember
- Schütze vom 19. Dezember bis 17. Januar
- Steinbock vom 18. Januar bis 13. Februar
- Wassermann vom 14. Februar bis 10. März

KOSMISCHE ZUSAMMENHÄNGE

Rudolf Steiners kleine Schrift „Die praktische Ausbildung des Denkens“ veranlaßte uns vor 42 Jahren, Pflanzen einmal in einer Art und Weise zu betrachten, wie man es üblicherweise nicht macht. Dabei fiel uns bald auf, daß trotz gleicher Anbaubedingungen, wie zum Beispiel Vorfrucht, Düngung und Saatgut, bemerkenswerte Unterschiede entstanden. So brachte ein Beet oft einen höheren Ertrag als ein gleichgroßes zweites Beet. Da die Anbaubedingungen gleich waren, konnten die Ursachen dafür nicht im „Raum“ – so wollen wir es einmal nennen – zu finden sein, sie mußten in der „Zeit“ gesucht werden. Damit begannen die Forschungen, deren Ergebnisse Sie in diesem Buch nachlesen können.

Wir wissen, daß sich alle organischen Prozesse auf der Erde in der „Zeit“ wiederholen. Viele dieser Abläufe kehren in

Blumenkohl: Der kosmische Aspekt des Saattages zeigt sich an der „Frucht“bildung. Von der Aussaat an Blattagen (links und rechts) bilden sich feste Knospen, von der an Blütentagen (Mitte) sind sie sehr locker und schießen schnell.

einem ständigen Rhythmus immer wieder. Das bekannteste Beispiel ist der Tag-Nacht-Rhythmus, der beim Menschen enorme Bewußtseinsunterschiede (Wachsein, Schlafen, Träumen) hervorruft. Der Tag-Nacht-Rhythmus entsteht dadurch, daß unsere Erde eine Eigenumdrehung hat. Auf der sonnenzugewandten Erdseite ist Tag, auf der anderen Nacht.

Auch der Jahreslauf ist ein sich immer wiederholender Rhythmus. Die Erde bewegt sich im Lauf eines Jahres um die Sonne. Anfang Januar ist sie in Sonnennähe, Anfang Juli in Sonnenferne.

Der Wechsel der Jahreszeiten Frühling, Sommer, Herbst und Winter entsteht durch die Neigung der Erdachse. Da die Umdrehungsachse der Erde auf der Erdbahnebene nicht senkrecht steht, sondern um etwa 66 Grad gegen sie geneigt ist, wechseln an den Polen totale Finsternis im Winter und ununterbrochene Lichteinwirkung im Sommer einander ab. Frühling und Herbst sind die gemäßigten Zwischenzeiten. Am Äquator dagegen sind Tag und Nacht das ganze Jahr über gleich lang, nämlich jeweils zwölf Stunden.

Neben den Jahreszeiten, die durch die Beziehung der Erde zur Sonne geprägt sind, werden die Lebensprozesse auf der Erde noch durch die Rhythmen der Planeten und des Mondes mit beeinflußt. Die Planeten sind Merkur, Venus, Mars, Jupiter, Saturn, Uranus, Neptun und Pluto. Die Pflanzen sind in der Lage, die Impulse, die von Planeten sowie Sonne und Mond ausgehen, durch die Bildung und Gestaltung „ihres Leibes“ sichtbar zu machen (zum Beispiel der Kopfsalat durch seinen Salatkopf). Auch der Gehalt an Eiweißen, Fetten, Kohlehydraten und Salzen wird dadurch mitbestimmt.

Im Laufe dieser Forschungsarbeiten wurde ein Grundgesetz immer deutlicher: Die Sternbilder des Tierkreises sind für das Wachstum der Pflanze von großer Bedeutung. Sie wirken über Sonne, Mond und die Planeten, die wiederum ihre Kräfte über die klassischen Elemente Wärme, Licht/Luft, Wasser und Erde der Pflanze zugänglich machen.

Die Aussaatzeit – wann der Same der Erde übergeben wird – prägt am stärksten. Die Pflanzzeit – wann die Pflanze an einen anderen Standort gebracht wird – ist ebenfalls von großer Bedeutung. Sie kann den Impuls des Aussaatzeitpunktes verstärken oder abschwächen.

Ebenso sind die Zeiten der Bodenbearbeitung wichtig, da wir damit den Boden für die Impulse aus dem Kosmos öffnen. Ist der Zeitpunkt günstig, wird das Wachstum angeregt.

Ganz entscheidend ist auch die Zeit der Ernte. Erntet man zum Beispiel Samen oder Pflanzenteile, die der Vermehrung dienen sollen, zur ungünstigen Zeit, wachsen im Folgejahr vermehrt kranke und schwächliche Pflanzen. Lagerfrüchte, die unter ungünstigen kosmischen Impulsen geerntet worden sind, faulen im Lager leichter. Mehr von diesen „günstigen Zei-

Zwiebeln von der Vorjahresernte im Mai. Von der Ernte an Blattagen (im Foto links mit der Bezeichnung AK) faulen die Zwiebeln. An Fruchttagen und Blütentagen (Bezeichnungen WK und LK) geerntete sind am Auswachsen. Nur die an Wurzeltagen geernteten (Bezeichnung EK) sind so fest wie bei der Ernte im September und bleiben auch so bis in den nächsten August hinein.

ten“ können Sie auf den Seiten 18 bis 31 nachlesen, wo wir unsere Forschungsergebnisse zu den einzelnen Pflanzenarten zusammengefaßt haben. Auch auf den Seiten 95 und folgende stehen weitere Ergebnisse.

Der siderische Mond

Der Mond umläuft in 27,3 Tagen einmal die Erde. Während dieses Umlaufes zieht er an den zwölf Regionen des Tierkreises vorbei. Alle zwei bis vier Tage geht er vor ein neues Sternbild. Der Mond vermittelt jeweils die Kräfte des Sternbildes, vor das er zieht, über die klassischen Elemente (Wärme, Luft/Licht, Wasser, Erde) auf unsere Erde (siehe Tabelle, Seite 13, und siehe Zeichnung auf der ersten Klappe des Umschlages).
Aus jeweils drei Sternbildern ergibt sich ein Trigon. Da wir im Tierkreis zwölf Sternbilder haben, ergeben sich vier Trigone mit jeweils drei Sternbildern. Jedes Trigon

wird einem klassischen Element zugeordnet (siehe Tabelle unten und Zeichnung auf Seite 1).
Anfänglich bemerkten wir nur beiläufig, daß auch Wetterbeobachtungen zu unseren Pflanzenversuchen nötig waren. Bei diesen Beobachtungen zeigte sich sehr schnell, daß es auch hier Gesetzmäßigkeiten gibt. So neigten Saattage, die bei Pflanzen eine gute Blattentwicklung brachten, immer stark zur Feuchte. Tage mit der höchsten Luftfeuchte und den meisten Niederschlägen des Monats waren immer diese „Blattage". Auch aus den Wetterbeobachtungen ergab sich, daß die klassischen Elemente einem Pflanzenorgan zuzuordnen sind (siehe Tabelle unten).
Wie erwähnt, tritt der Mond alle zwei bis vier Tage vor ein neues Sternbild. Das bedeutet, daß alle zwei bis vier Tage die Einzelimpulse wechseln (siehe Tabelle, zum Beispiel wechselt nach zwei bis vier Tagen Wasser zu Wärme). Etwa alle neun Tage tritt der Mond vor ein Kräftetrigon des gleichen Typs, und dann wirkt der gleiche Impuls. Wir regen über Hackarbeiten und Kieselspritzungen, die wir im Trigonrhythmus durchführen, den Impuls, den das Saatgut bekommen hat, neu an.
Diese Grundgesetzmäßigkeiten gelten jedoch nicht immer. Planetenoppositionen können die Impulse verändern, Trigonstellungen ein anderes Element aktivieren, als es vom Mond an diesem Tag vermittelt würde. Konjunktionshäufungen wirken sich negativ aus.

Die Gesetzmäßigkeiten, die sich aus den Pflanzenversuchen und der Wetterbeobachtung ergaben, haben wir in der folgenden Tabelle zusammengefaßt:

Sternbild	**Element**	**Kleinklima**	**Pflanzenorgan**
Fische	Wasser	wässrig	Blatt
Widder	Wärme	warm	Frucht
Stier	Erde	kühl/kalt	Wurzel
Zwilling	Luft/Licht	luftig/hell	Blüte
Krebs	Wasser	wässrig	Blatt
Löwe	Wärme	warm	Frucht, Same
Jungfrau	Erde	kühl/kalt	Wurzel
Waage	Luft/Licht	luftig/hell	Blüte
Skorpion	Wasser	wässrig	Blatt
Schütze	Wärme	warm	Frucht
Steinbock	Erde	kühl/kalt	Wurzel
Wassermann	Luft/Licht	luftig/hell	Blüte

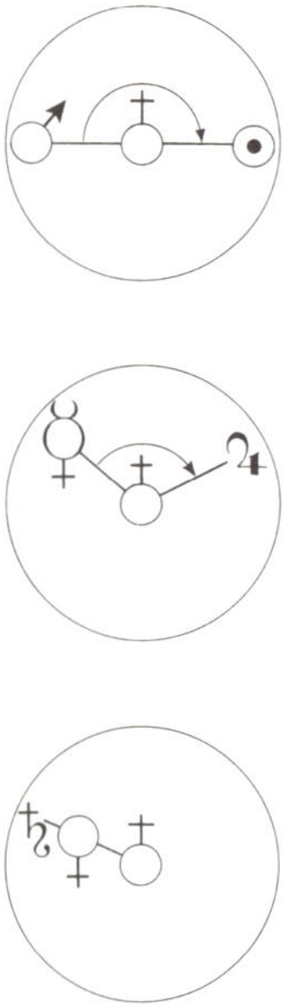

Links: Die auf dem Bild gezeigten Planetenstellungen können die Impulse verändern, die das Tierkreissternbild, vor das der Mond zieht, normalerweise auf die Pflanzen hätte. (Die Erde ♁ ist immer in der Mitte des äußeren Kreises dargestellt.)

Links oben: Planetenopposition von Mars (links) und Sonne (rechts)
Links Mitte: Trigonstellung von Merkur (links) und Jupiter (rechts)
Links unten: Konjunktion von Saturn (links) und Venus (Mitte)

Oben: Negative Impulse auf die Pflanzen bringen zum Beispiel Tage, an denen sich zwei Wandler an den Schnittstellen ihrer Bahnen treffen (das sind die Knotenzeiten), dann sind Vorbedingungen für Finsternisse gegeben. An diesen Tagen sollte nicht gesät werden.

Negative Wirkungen bringen beispielsweise Tage, an denen der Mond die Erdbahn (Ekliptik) auf- oder absteigend schneidet. Sie werden noch gesteigert, wenn sich der Mond und Planeten an diesen Schnittstellen ihrer Bahnen (Knoten genannt) treffen (siehe Zeichnung oben rechts). Es entstehen dadurch Finsternisse und Bedeckungen, wobei von dem erdnäheren Planeten die Wirkung des erdferneren unterbrochen oder verändert wird. Diese Zeiten sind für die Aussaat und die Ernte nicht geeignet.
Dies soll nur einen kurzen Einblick in die Berechnungsweise geben.
Man muß nicht über astronomische Kenntnisse verfügen, um nach den Aussaatempfehlungen zu gärtnern. Wir haben alle diese veränderten und negativen Wirkungen in unserer Schrift „Aussaattage" berücksichtigt, die wir jährlich neu im M. Thun Verlag herausgeben.

Die Planeten und ihre Wirkungen auf die Erde

Um bei der Wetterbildung mitwirken zu können, benutzen die Planeten genauso wie die Sonne und auch der Mond die klassischen Elemente Wärme, Erde, Luft/ Licht und Wasser als Vermittler zu unserer Erde.
Die folgende Ordnung in der Tabelle läßt sich feststellen:

Wandler und Sonne	Element	Tierkreissternbild
Saturn, Merkur, Pluto	Wärme	Widder, Löwe, Schütze
Sonne	Erde	Stier, Jungfrau, Steinbock
Jupiter, Venus, Uranus	Luft/Licht	Zwillinge, Waage, Wassermann
Mars, Mond, Neptun	Wasser	Krebs, Skorpion, Fische

Wandler = Wandelstern = Gestirn, das sich bewegt

Stehen die klassischen Planeten vor Tierkreissternbildern, mit denen sie dieselbe Elementewirkung besitzen, wird diese Wirkung verstärkt (Beispiel: Merkur vor Widder). Dagegen kommt es zur Abschwächung oder die Wirkung zeigt sich auf der Erde gar nicht, wenn der Planet vor einem Sternbild steht, das eine andere Elementewirkung hat.
Einige wenige Beispiele seien nachfolgend genannt:
Zieht ein Wärmeplanet wie Merkur vor dem Sternbild Widder vorbei, dann verstärkt sich seine Wirkung; vor der Region Stier hingegen ist von seiner Wärmewirkung nichts zu merken, da sie dann in Kältewirkung umschlagen kann. Kommt der Merkur vor ein wässriges Sternbild, wie zum Beispiel den Skorpion, dann kann es wegen der Wärmewirkung zur Niederschlagsneigung führen.
Zieht die Venus vor ein Luft/Licht-Sternbild, wie zum Beispiel die Waage, haben wir eine Neigung zu blauem Himmel, langen Sonnenscheinphasen und einer klaren Atmosphäre. Geht die Venus jedoch vor ein Erdbild, wie zum Beispiel dem Bild der Jungfrau, regt sie kühle Nächte mit Nebelbildung an. Vor wässrigen Sternbildern kommt die Luft/Licht-Wirkung der Venus nicht zum Tragen.
Ziehen Mond und die Planeten, die über das Element Wasser wirken, vor eine Region des Tierkreises, die sich ebenfalls über das Wasser bemerkbar macht, dann muß man bei uns mit Niederschlagsperioden rechnen.

**Kohlrabi, Sorte 'Weiße Roggli's'.
Links: Aussaat an Blattagen bringt flachrunde, sehr zarte Kohlrabis.
Zweite von links: An Fruchttagen ausgesäte entwickeln aufgestülpte „Früchte", die leicht spelzig werden.
Dritte von links: Aussaat an Wurzeltagen bringt schorfige Stellen und Kohlrabis, die leicht verholzen.
Rechts: Kohlrabis, an Blütentagen ausgesät, entwickeln „Früchte", die in der Mitte zur Blüte aufschießen.**

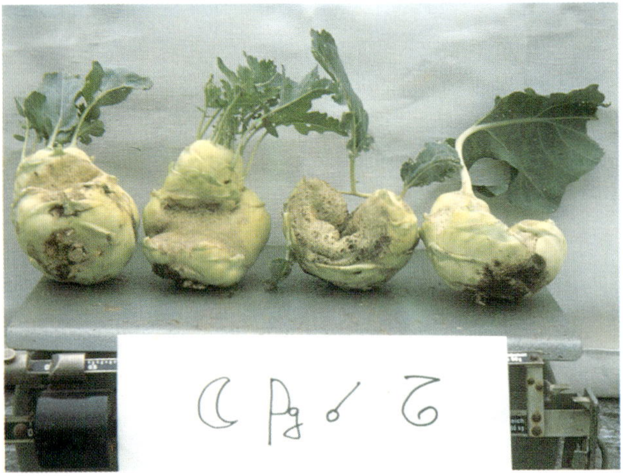

Diese Kohlrabis wurden bei Mond in Erdnähe gesät. Von 50 Pflanzen brachten je 25 diese „Früchte" hervor.

Es gibt noch zahlreiche andere Einflußfaktoren, wie zum Beispiel Oppositionen der Planeten untereinander oder zur Sonne, dann werden meist wachstumsfördernde Kräfte vermittelt.

Während sich bei dem Planeten Uranus eine Beziehung zur Elektrizität feststellen läßt, ist es bei Neptun eine Beziehung zum Magnetismus und bei Pluto eine zum Vulkanismus.

ZU DIESEM BUCH

Für Gärtner und Landwirte sind nach unseren Erfahrungen die Wirkungen der Planeten, Tierkreissternbilder und andere Faktoren aus dem Bereich außerhalb der Erdatmosphäre von entscheidender Bedeutung. Wir geben jährlich die „Aussaattage" heraus, eine kleine Schrift, in der eben jene günstigen und ungünstigen Tage (für das entsprechende Jahr) für Aussaat, Pflanz- und Pflegearbeiten sowie für Ernte und Konservierung nachzulesen sind. Sie können die Schrift über den Buchhandel beziehen, oder sie direkt beim Maria-Thun-Verlag in 35205 Biedenkopf, Postfach 1518 bestellen.

Musterseite aus „Aussaattage 1994", erschienen im M. Thun-Verlag.

Astronomische Zeichen:

Sternbilder	Planeten		
♓ Fische	♁ Erde	☉ Sonne	Da auf der Seite der jeweiligen Monatsbeschreibung die Texte oft nicht voll gebracht werden können, bringen wir folgende Änderung:
♈ Widder	♀ Venus	○ Vollmond	
♉ Stier	☿ Merkur	● Neumond	ST Sturmneigung
♊ Zwillinge	♂ Mars	☋ absteig. Knoten	ϟ Gewitterneigung
♋ Krebs	♃ Jupiter	☊ aufsteig. Knoten	E Erdbebenneigung
♌ Löwe	♄ Saturn	⌒ Mond absteig.	K verkehrskritisch
♍ Jungfrau	♅ Uranus	⌣ Mond aufsteig.	V Vulkanneigung
♎ Waage	♆ Neptun	Pg Erdnähe	U Unwetterneigung
♏ Skorpion	PL Pluto	Ag Erdferne	N Niederschlagsneigung
♐ Schütze	☍ Opposition	Finsternis	H Hagelschauer
♑ Steinbock	☌ Konjunktion	Finsternis	
♒ Wassermann		△ Trigon	

Aussaattage Februar 1994

Dat.	☾ vor Sternb.	Konstellat.	Element ☾	Fruchtorganimpuls durch ☾ oder Planeten	
1. Di	♍	☉–♑	Erde	Wurzel *Pflanzzeit	E
2. Mi	♍	☿ ☊	Erde	-------------	
3. Do	♎		Licht	Blüte ab 6	
4. Fr	♏ 7	☊ 12	Li/Wa	Blüte bis 6, Blatt von 7 bis 10 und ab 14	
5. Sa	♏	⌣ 21	Wasser	Blatt um 12 × Pflanzzeit-Ende	
6. So	♐ 14		Wa/Wä	Blatt bis 13, ab 14 Frucht	
7. Mo	♐		Wärme	Frucht	
8. Di	♑ 20		Wä/Er	Frucht bis 19, ab 20 Wurzel	E
9. Mi	♑		Erde	Wurzel	K
10. Do	♑	● 15	Erde	Wurzel bis 23	V–ST
11. Fr	♒		Licht	Blüte	
12. Sa	♒		Licht	Blüte bis 23	ST
13. So	♓		Wasser	Blatt	E
14. Mo	♓	☉–♒	Wasser	Blatt ab 8	
15. Di	♓		Wasser	Blatt bis 16, ab 17 Blüte	E
16. Mi	♈ 5	Ag 3	Wa/Wä	Blüte bis 4, ab 5 Frucht	V
17. Do	♈		Wärme	Frucht	ST
18. Fr	♉ 5	☋ 16	Wä/Er	Frucht bis 4, Wurzel von 5 bis 13 und ab 18	E
19. Sa	♉		Erde	Wurzel	ST–ϟ
20. So	♉	⌒ 8	Erde	Wurzel *Pflanzzeit-Beginn	
21. Mo	♊ 4		Er/Li	Wurzel bis 3, ab 4 Blüte	ST
22. Di	♊		Licht	Blüte	
23. Mi	♋ 7		Li/Wa	Blüte bis 6, Blatt v. 7 bis 17, ab 18 Blüte	ST–V
24. Do	♌ 19		Wa/Wä	Blüte bis 10, Blatt von 11 bis 18, ab 19 Frucht	
25. Fr	♌		Wärme	Frucht	
26. Sa	♌	○ 2	Wärme	Frucht	E
27. So	♍ 4	Pg 23	Wä/Er	Frucht bis 3 -------------	
28. Mo	♍		Erde	Wurzel ab 6	ϟ

26

1. ____
2. ____
3. ____
4. ____
5. ____
6. ____
7. ____
8. ____
9. ____
10. ____
11. ____
12. ____
13. ____
14. ____
15. ____
16. ____
17. ____
18. ____
19. ____
20. ____
21. ____
22. ____
23. ____
24. ____
25. ____
26. ____
27. ____
28. ____
29. ____
30. ____
31. ____

Merkur bewegt sich in den ersten drei Wochen vor dem Lichtbild Wassermann, ab 9. wird er vom Lichtplaneten Venus unterstützt. In der Rückläufigkeit kehrt er zu Mars im Steinbock zurück, nochmals Winterwirkung unterstützend. Außer Mars und Pluto stehen alle Planeten vor Licht- oder Wärmebildern, aber ohne Oppositionen bringt das im Winter meist nur warme Niederschläge.

*Pflanzzeit vom 1. bis 5. und 20. bis 28., geeignet für Baum- und Heckenschnitt. Bei Obstbäumen oder -sträuchern Fruchttage bevorzugen, bei Blütenhecken Blütentage nutzen.

17./18. geeignet für den Schnitt von Pfropfreisern

Für den Imker: Die Lichttage könnten die Bienen schon zum Reinigungsflug herauslocken, deshalb ist es ratsam, vorher die Fluglöcher zu überprüfen, Mäusegitter und Meisennetze zu entfernen, die Fluglöcher zu säubern und die Winterwindeln herauszunehmen. Falls Varroamilben vorhanden sind, tote heraussammeln und für Veraschung aufbewahren.

Spinatsamen aus verschiedenen Konstellationen des Vorjahres bringt bei einheitlichem Nachbau große Unterschiede in Wachstum und Ertrag wie auch in den Inhaltsstoffen Zucker, Nitrat und Kalium.

27

DIE AUSSAAT

Der Zeitpunkt, wann der Same dem Boden übergeben wird, prägt am stärksten. Um also den günstigsten Termin zu finden, müssen wir uns überlegen, welches Pflanzenorgan wir jeweils ernten wollen. Handelt es sich bei dem Samen um Möhrensaatgut, dann ist die Wurzel das, was für die Ernte bestimmt ist. Die Aussaat sollte also an einem Tag stattfinden, der die Wurzel begünstigt (siehe auch Tabelle, Seite 13).
Nach unseren langjährigen Versuchen sind vier Gruppen von Pflanzen zu unterscheiden: Wurzelpflanzen, Blattpflanzen, Blütenpflanzen und Fruchtpflanzen. Die Aussaat von Wurzelpflanzen empfiehlt sich an Wurzeltagen vorzunehmen, die der Blattpflanzen an Blattagen usw. (siehe auch Zeichnungen auf der hinteren Klappe des Umschlages). Falls Sie hier nicht die Pflanzen finden, die Sie suchen, können Sie die Einteilung selbst vornehmen. Überlegen Sie einfach, was Sie ernten wollen – dieses Pflanzenorgan ist bestimmend.

Pflanzen, die an Wurzeltagen gesät werden

Die „Frucht"bildung der Pflanzen findet im Wurzelbereich statt. Dazu gehören Knollensellerie, Kohlrübe, Möhre, Pastinake, Radieschen, Rettich, Rote Bete, Schwarzwurzel und Wurzelpetersilie. Beste Erträge und Lagerfähigkeit dieser Gemüse erhalten wir bei Aussaat an Wurzeltagen. Dasselbe gilt für Kartoffeln, Zwiebeln und Knoblauch.

Pflanzen, die an Blatttagen gesät werden

Zu dieser Gruppe gehören die meisten Kohlarten, auch Kohlrabi und Blumenkohl, jedoch nicht der Brokkoli (Blütenpflanze); außerdem die Salate, Feldsalat,

Die Aussaat prägt die spätere Pflanze am meisten.

Körbe mit Spinat: Von der Blattagesaat liegen die Erträge etwa 30 % höher als von anderen Aussaaten.

Bohnen gehören zu den Fruchtpflanzen.

Endivien, Chicorée, Spinat, Spargel, Gemüsefenchel und der Rasen. Ferner zählen Petersilie und Blattkräuter dazu, die keine ätherischen Öle enthalten.

Pflanzen, die an Fruchttagen gesät werden

Zu dieser Gruppe gehören alle Pflanzen, die im Bereich des Samens fruchten, wie Bohne, Erbse, Linse, Soja, Mais, Tomate und Paprika, alle Kürbisarten, auch Zucchini und Gurke, sowie alle Getreide, ob für den Sommer- oder Winteranbau.

Pflanzen, die an Blütentagen gesät werden

Zu den Blütenpflanzen gehören die Blumen, Blumenzwiebeln, Brokkoli, viele Heilpflanzen und die Präparatepflanzen, aus denen wir die biologisch-dynamischen Kompostpräparate herstellen (siehe Seite 41). Nicht nur die Aussaat, sondern auch die Pflege der Blütenpflanzen sollte an Blütentagen stattfinden.

Das Saatgut

Um gutes Saatgut zu gewinnen, ist es nicht nur wichtig, daß man überhaupt Samen erntet, sondern die Qualität ist ausschlaggebend. Der Samen muß in der Lage sein, einer Pflanze gesundes Wachstum ohne Pilzbefall zu ermöglichen. Die Pflanze weiterhin muß fähig sein, bis zur Frucht- und Samenbildung zu gelangen. Bei unseren Nutzpflanzen wird vor der Samenbildung oft ein vollständiges Pflanzenorgan ausgebildet, das wir essen, falls kein Saatgut gewonnen werden soll.

Ein Beispiel: Haben wir von einem Salat Saatgut entnommen, der vorher keinen schönen Kopf gebildet hat, dann werden

Wenn wir Saatgut gewinnen wollen, müssen wir darauf achten, daß wir es von Pflanzen nehmen, die vorher eine besonders schöne „Frucht" ausgebildet haben. Hier sind eine blühende Radieschenpflanze (oben) und ein blühender Brokkoli (unten) gezeigt.

Saatgut selbst anbauen am Beispiel von Kopfsalat

1. Die Aussaat findet unter den günstigen Impulsen an einem Blattag statt.
2. Alle Pflegearbeiten sind an Blattagen durchzuführen, bis ein schöner großer Kopfsalat gewachsen ist.
3. Hat der Kopfsalat Erntereife, dann wechselt man mit den Pflegearbeiten auf Frucht- und Frucht/Samentage über, um der Pflanze zu einer kräftigen Samenbildung zu verhelfen.
4. Das Saatgut erntet man an einem Blattag, dadurch bekommen die Pflanzen, die aus den Samen wachsen werden, einen Vorschuß für ihre „Fruchtbildung" – den Salatkopf des nächsten Jahres.

auch die Pflanzen aus diesem Saatgut keine guten Köpfe entwickeln können. Für Salat sind die Aussaat und Pflegearbeiten an Blattagen am besten. Hat sich ein dichter Kopf gebildet, legen wir die Pflegearbeiten auf Frucht- und Frucht/Samentage. Dadurch kann die Pflanze kräftigen guten Samen ausbilden. Geerntet wird dann allerdings wieder an

Blattagen – im Hinblick darauf, daß wir aus dem Samen schöne Salatköpfe für unseren Mittagstisch gewinnen wollen. Dasselbe gilt übrigens auch für Blumenkohl und Kohlrabi.

Viele Kohlarten, Möhren, Rote Bete, Sellerie und Futterrüben werden im Winterlager überwintert, um im nächsten Jahr Saatgut zu erhalten. Sie sollten im Frühling an Frucht- und Frucht/Samentagen ausgepflanzt und gepflegt werden. Das Saatgut erntet man dann allerdings wieder an den Tagen, die dem Fruchtorgan des nächsten Jahres entsprechen sollen, bei Möhren beispielsweise an Wurzeltagen.

Schießen Rote Bete, Sellerie oder Rüben im ersten Anbaujahr ins Kraut, dann entwickelt auch der Samen von diesen im ersten Jahr geschossenen Pflanzen im Folgejahr keine gute Wurzelfrucht.

Sollen Fruchtpflanzen, wie zum Beispiel Gurke oder Tomate, zur Saatgutgewinnung angebaut werden, ist eine Aussaat unter Löwe-Impuls, also an Frucht/Samentagen empfehlenswert. Weitere Pflegearbeiten können an Fruchttagen oder Frucht/Samentagen erfolgen. Geerntet wird allerdings wieder an Frucht/Samentagen (Löwe-Impuls).

Wenn es nicht möglich ist, an günstigen Tagen zu säen, dann sollte unbedingt darauf geachtet werden, daß zu günstigen Terminen gehackt wird. Dadurch wird der negative kosmische Impuls des Aussaattages abgeschwächt.

HACKARBEITEN

Bei jeder Bodenbewegung, also auch beim Hacken und Säen, können die kosmischen Kräfte in den Boden einziehen und das Pflanzenwachstum positiv oder negativ beeinflussen. Daher ist es sehr wichtig, die günstigen Zeiten für die einzelnen Pflanzen zu wählen. Hindern schlechte Witterungsverhältnisse daran, die günstigen Termine auszunutzen, sollte man warten, bis nach etwa neun Tagen der Mond wieder vor das gleiche Kräftetrigon zieht.

Für die Hackarbeiten sind in der Regel die gleichen Tage zu wählen wie für die Aussaat.

Werden Hackarbeiten an ungünstigen Tagen durchgeführt, schwächt sich der positive Effekt eines günstigen Aussaat- oder Pflanztermins ab.

Für die Hackarbeiten sind also die gleichen Impulse zu suchen, die schon bei der Aussaat wirkten. Beispielsweise wird Salat an einem Blattag gesät und auch an Blattagen gehackt (siehe auch Zeichnungen auf der hinteren Klappe des Umschlages).

Wir hacken nur etwa 3 cm tief, tiefer ist nicht zu empfehlen. Damit wird die Luft mit ihrem hohen Stickstoffanteil in den Boden gebracht. Nach der richtigen Bo-

denbearbeitung im Herbst (siehe Seite 33f.) befinden sich genügend Bakterien in der Erde, die den Stickstoff an das „Erdige" binden können. So kommt es beim Hacken nach unseren Erfahrungen zu einem leichten „Düngungseffekt".
Auch die Tageszeit der Hackarbeit kann man sich zunutzemachen. Morgens atmet der Boden aus. Hacken wir also morgens, dann kann ein zu nasses Erdreich die Feuchtigkeit ausatmen. Abends atmet der Boden ein. Wird daher abends gehackt, kann ein zu trockener Boden die Feuchtigkeit aus der Umgebung mit einatmen und in das Erdreich bringen (siehe dazu auch Seite 66ff.).

Bei Hackvergleichen ergaben sich folgende Ergebnisse:
- Hacken an Wurzeltagen fördert die Stickstoffbindung,
- Hacken an Blattagen aktiviert Kalziumprozesse,
- Hacken an Blütentagen steigert die Kalium- und Phosphoraktivität,
- Hacken an Fruchttagen aktiviert Schwefelprozesse.

Eissalat gehört zu den Blattpflanzen.

DIE PFLANZUNG

Gepflanzt wird immer in der Zeit des absteigenden Mondes, da dann die Kräfte stärker in die unteren Pflanzenteile strömen. Dadurch kommt es zur schnelleren und besseren Wurzelbildung (siehe auch Zeichnung auf Seite 1).

Wenn wir Jungpflanzen, Gehölze, oder andere Gewächse von einem Standort an einen anderen in die Erde bringen, dann spricht man von Pflanzung. Als Pflanzzeit sollte die Zeit des absteigenden Mondes gewählt werden (bitte nicht verwechseln mit dem abnehmenden Mond; siehe Zeichnung Seite 1).

Was ist die Zeit des absteigenden Mondes? In ca. 27 Tagen umläuft der Mond einmal die Erde. Vom tiefsten Punkt (in der Region Schütze) bis zum höchsten Punkt (Region Zwilling) haben wir einen aufsteigenden Mond, vom höchsten zum tiefsten einen absteigenden.

Während der absteigenden Zeit atmet die Erde ein, die Kräfte und Saftströme konzentrieren sich auf den unteren Pflanzenteil. Es kommt zu besserem und stärkerem Wurzelwachstum, was nach einer Verpflanzung von Vorteil ist. Während der aufsteigenden Zeit atmet die Erde aus, die Kräfte konzentrieren sich daher auf die oberen Pflanzenorgane.

Die Zeit des absteigenden Mondes ist neben der Pflanzung zum Düngen von Wiesen und Weiden sowie zum Säen von Leguminosen zur Gründüngung sehr geeignet.

Auf der südlichen Erdhälfte drehen sich die genannten Verhältnisse um.

Wählt man nun für das Umpflanzen von Blattpflanzen während des absteigenden Mondes (also der Pflanzzeit) die Blattage Krebs oder Skorpion, läßt sich der positive Impuls noch einmal verstärken. Dasselbe gilt für ein Umpflanzen von Wurzelfrüchten während der Pflanzzeit an Wurzeltagen Jungfrau oder für Gurke und Tomate an Frucht/Samentagen Löwe.

Für das Stecken von Blumenzwiebeln empfehlen wir die Pflanzzeit im November an einem Blütentag.

Tulpen (oben) und Narzissen (unten) gehören zu den Blumenzwiebeln. Es empfiehlt sich eine Pflanzung der Zwiebeln im November an einem Blütentag während der Pflanzzeit (absteigender Mond).

VERMEHRUNG DURCH STECKLINGE

Stecklinge sollen möglichst schnell bewurzeln, also ist für das Stecken die Zeit des absteigenden Mondes zu wählen (siehe voriges Kapitel „Pflanzung"). Die Kräfte gehen in die Wurzelbildung und bewirken eine schnellere und bessere Bewurzelung. Zusätzlich sind die Fruchtungstypen, also ob es sich um Blattpflanzen, Blütenpflanzen usw. handelt, zu beachten. Blattstecklinge vom Usambaraveilchen, einer Blütenpflanze, brachten die meisten Blüten, wenn sie beim Mondstand Zwilling (Blütentage) gesteckt wurden.

Reiser für Stecklinge werden während der Zeit des aufsteigenden Mondes geschnitten und im kühlen Raum aufbewahrt. Man kann sie in angefeuchtetes Papier einpacken und dann später während der Pflanzzeit in die Erde stecken. Sowohl beim Schneiden als auch beim Stecken empfiehlt es sich, den „Fruchtungstyp" zu berücksichtigen.

Stecklinge von der Fuchsie schneiden

ERNTE UND KONSERVIERUNG

In der Regel sind die besten Erntetage diejenigen, die auch günstigste Aussaattage sind. Das heißt, Wurzelpflanzen werden an Wurzeltagen geerntet, Blütenpflanzen an Blütentagen und Fruchtpflanzen an Fruchttagen.

Eine Ausnahme machen die Blattage, sie sind immer ungünstig für die Ernte von Lagergemüse. Die Gemüse halten im Lager nicht lange. Ersatzweise sind Blüten- oder Fruchttage, für die Kohlgemüse die Blütentage zu wählen.

Es sei an dieser Stelle noch einmal betont, daß das nur für Lagergemüse gilt. Wird Gemüse frisch geschnitten, um es gleich in der Küche zu verarbeiten, muß nicht auf den Tag geachtet werden. Es gilt der Grundsatz: Je frischer desto besser.

Für die Obsternte sind Fruchttage während der Zeit des aufsteigenden Mondes am besten, für Wurzelfrüchte Wurzeltage während der Zeit des absteigenden Mondes. Die Begründung haben wir schon im vorigen Kapitel gehört: Die Kräfte und Saftströme gehen bei absteigendem Mond nach unten, bei aufsteigendem dann nach oben.

Bei Erdbeeren lohnt sich die Ernte an Blüten- oder Fruchttagen besonders: Sie schmecken wesentlich besser und halten länger frisch.

Für Küchen- und Heilkräuter empfehlen wir folgendes: Blatt- und Blütendrogen werden an Blütentagen geerntet, Samen und Wildfrüchte an Fruchttagen und Wurzeln an Wurzeltagen. Hält man sich an diese Regeln, werden wir mit gutem Aroma belohnt. Zum Konservieren sollte man Blütentage wählen.

Links: Für die Obsternte wählt man Fruchttage. Sie sollen in der Zeit des aufsteigenden Mondes liegen, da dann die Kräfte stärker in die oberen Pflanzenteile strömen. Die Lagerfähigkeit wird deutlich verbessert.

Rechts: Obsternte

Vormittags gehen die Kräfte von unten nach oben. Daher ist das die günstige Zeit für die Ernte von Blattpflanzen, hier der Weißkohl.

Nachmittags gehen die Kräfte von oben nach unten. Daher ist das die günstige Zeit, um Wurzelpflanzen zu ernten, hier die Zwiebel.

Erntezeiten

Pflanze	Erntezeit	Besonderes
Wurzelpflanzen für Winterlager	Wurzeltage am besten während absteigendem Mond	keine Blattage
Fruchtpflanzen	Fruchttage	für Lagerobst Ernte während aufsteigendem Mond
Blattpflanzen	zur Lagerung an Blüten- oder Fruchttagen, ebenfalls Kräuter oder Blatteile für Tees; auch für Kohl zur Sauerkraut-Herstellung	für Kohl Blütentage
Blütenpflanzen	an Blütentagen	

Wird für den täglichen Gebrauch Gemüse geerntet, gilt selbstverständlich: Je frischer desto besser. Es wird also unabhängig vom Tag geerntet.

Küchenkräuter, die zum sofortigen Verbrauch zu den Speisen benötigt werden, schneidet man natürlich frisch – unabhängig vom Tag.
Alles das, was wir für die Ernte festgestellt haben, gilt auch für die Haltbarmachung, sei es die Herstellung von Saft, Gelee, Marmelade, milchsaurem Gemüse, Sauerkraut sowie Backobst.

Die Tageszeit

Morgens und vormittags gehen die Kräfte von unten nach oben. Daher hält sich dann geernteter Salat länger frisch.
Nachmittags und abends strömen die Kräfte nach unten in den Wurzelbereich. Daher ist dann die beste Zeit für die Ernte von Wurzelfrüchten.
Mittags sollte nicht geerntet werden , die Zeit ist ungünstig.

DER BODEN

Die Grundlage unseres Bodens bildet das Gestein, das durch den Einfluß der Elemente Wasser, Luft, Licht und Wärme verwittert ist. Je nach Ausgangsgestein entstehen Böden mit verschiedenen Eigenschaften, zum Beispiel kalkhaltiges Erdreich. Das verwitterte Gestein ist der mineralische oder anorganische Bestandteil unseres Gartenbodens. Mit ihm alleine könnten wir keine Landwirtschaft und keinen Gartenbau betreiben, dazu brauchen wir auch die organischen Substanzen. Die Bodenorganismen „verbauen" die anorganischen und organischen Erdbestandteile miteinander zu einer neuen Einheit, es entsteht fruchtbares Erdreich. Der Boden ist belebt. Wir haben mit Hilfe der Lebenskräfte, die aus dem organischen Material herrühren, den Bodenanteil aus verwittertem Gestein um eine halbe Lebensstufe höher gehoben, der Pflanze entgegen.

Wir bezeichnen das Gestein als Grundlage.

Versuche mit Sonnenblumen (hinten) und Lein (davor) bestätigen seit vielen Jahren immer wieder: Die Aussaat an Fruchttagen bringt die höchsten Samenerträge.

Wenn das Gestein verwittert, entsteht „Ton". Das „Leben" kommt von der Pflanze. Dieses „Leben" halten wir beim Kompostieren fest. Der Kompost belebt dann den „Ton".
Die „Triebigkeit" ist den Tieren eigen. Stirbt ein Tier, geht die Seele davon, die „Triebigkeit" bleibt mit dem toten Körper verbunden und „verwest". Die „Triebigkeit" wird beim Kompostieren mit Hilfe der Bodenorganismen in Lebens- und Empfindungsprozesse umgewandelt. Wird mit Horn, Knochen, Haut, Haar, Feder, Wolle oder Borste gedüngt, ohne den Weg über den Kompost zu gehen, dann wechselt die „Triebigkeit" auf die Pflanze über und zieht tierische Schädlinge an.
Die drei Faktoren „Ton" (aus Gestein), „Leben" (aus der Pflanze) und „Empfindungen" (vom Tier) befähigen den Boden, bei der Bearbeitung durch den Menschen die kosmischen Kräfte aufzunehmen. Gärtner und Landwirte sollten dazu die gunstigen kosmischen Impulse nutzen (siehe dazu Seite 23f.). So können Pflanzen wachsen, die den Menschen gesund ernähren.

Bodenprobe

Wir haben immer wieder festgestellt, daß die Analysen von Bodenproben andere Ergebnisse bringen, wenn die Sonne vor ein anderes Sternbild zieht. Verschiedene Proben lassen sich daher nur miteinander vergleichen, wenn sie dem Boden immer zum gleichen Zeitpunkt innerhalb des Jahres entnommen wurden.
Auf der nördlichen Halbkugel haben wir die größte Stickstoffbindung im Boden, wenn die Sonne vor Stier und Jungfrau steht, auf der südlichen dann, wenn sie vor Steinbock steht.
Auch der Mond beeinflußt über Hackarbeiten den Stickstoffgehalt. Die höchsten Gehalte konnten gemessen werden, wenn Hackarbeiten bei Mondstand vor Stier, Jungfrau und Steinbock verrichtet wurden.

Bodenbearbeitung

Bei jeder Bodenbewegung strömen die kosmischen Kräfte in den Boden. Daher sollten alle Hackarbeiten nur an für die Pflanze günstigen Zeitpunkten durchgeführt werden. Die günstigen Zeitpunkte gleichen den Saatterminen. Beispielsweise werden Blattpflanzen, wie etwa Salat, an Blattagen gesät und gehackt (siehe dazu Zeichnungen auf der hinteren Klappe des Umschlages). Ausnahmen S. 101.
Durch den Hackzeitpunkt können wir auch die Keimung der Unkrautsamen für uns günstig beeinflussen. Siehe dazu das Kapitel „Unkraut", Seite 71ff und Seite 36.
Mittags sollte der Boden nicht bearbeitet werden, das hat sich als ungünstig erwiesen.

Im Herbst

Wir können mit der Vorarbeit für das nächste Jahr beginnen, wenn die letzten

Pflanzen geerntet worden sind. Falls noch genügend Zeit verbleibt, sollte nach einer flachen Bodenbearbeitung eine Gründüngung eingesät werden. Natürlich sind die Gründüngungspflanzen auszuwählen, die die Kulturpflanzen sinnvoll ergänzen (siehe dazu Seite 58ff.).

Mindestens alle drei Jahre sollten wir unsere Beete einen Winter in grober Scholle offen liegen lassen. Dadurch kann der Boden über Winter die kosmischen Kräfte aufnehmen. An der Universität Gießen wurden unter Prof. von Boguslawsi und Dr. Debruck 23 Jahre lang Versuche mit verschiedenen Bodenbearbeitungsmethoden durchgeführt. Sie brachten das Ergebnis, daß die Winterfurche im Vergleich zu allen anderen Methoden die besten Ergebnisse brachte.

In der Natur finden wir übrigens auch ein Beispiel für die positiven Impulse eines offenen Bodens im Winter. Wenn in warmen Wintern die Feuchte im Boden von Niederungswiesen zu groß wird, verwandelt der Maulwurf die Wiese in eine Hügelkultur. So wird die Erde den positiven kosmischen Winterkräften ausgesetzt. Jeder Bauer und Gärtner kennt die guten Eigenschaften der Maulwurfshügel-Erde und verwendet sie gerne für Aussaaten oder zum Düngen von Wiesen.

Im Frühjahr

Im Frühjahr beginnt die Bodenbearbeitung, wenn das Erdreich abgetrocknet ist. Man arbeitet den Boden für die Aussaat gut durch.

Wenn das Beet stark verunkrautet war,

Winterfurche: Seit Jahrzehnten stellen wir bei Vergleichen fest, daß die Bodenqualität im Frühjahr nach einer richtigen Winterfurche am besten ist.

Die Erde von Maulwurfshügeln ist besonders fruchtbar, da sie den positiven Winterkräften ausgesetzt war.

dann lohnt sich eine Bearbeitung bei Mond vor Löwe. Dadurch regt man das Unkraut zum Keimen an. In den folgenden 10 bis 14 Tagen läßt man den Boden liegen und wartet auf eine günstige Konstellation für die vorgesehene Aussaat (zum Beispiel Wurzeltag für die Aussaat von Wurzelgemüse). Ist diese gekommen, arbeitet man die Erde noch einmal um und die Unkrautkeimlinge mit ein. Dann kann gesät werden. Es hat sich gezeigt, daß bei so vorbereiteten Beeten Unkraut nicht mehr zum Problem wird (siehe Zeichnung Seite 36).

Wir düngen im Frühjahr nicht. Wir haben festgestellt, daß die triebige Wirkung einer Düngung Krankheiten und Schädlinge anzieht. Wir düngen im Herbst.

Bearbeitungstiefe

Wenn vor der Aussaat eine mindestens 10 cm tiefe Bodenbearbeitung durchgeführt wird, wirken die kosmischen Impulse am stärksten.

Nur 3 cm tief sollte allerdings gehackt werden. Wir bringen Luft in den Boden, und die kosmischen Kräfte können eindringen. Durch das Hacken verändern wir die Verhältnisse von Stickstoff, Kalk, Kalium, Phosphor und Mangan sowie verschiedener Spurenelemente. Wenn wir nicht hacken und den Boden ständig mulchen, dann können wir das alles nicht erreichen.

Bodenwärme

Der Zeitpunkt, an dem die Bodenwärme einsetzt, ist von entscheidender Bedeutung. Durch das Wirksamwerden des Elementes Wärme kommt es zu eigenen Aktivitäten im Mineralischen, erst dann geht das Pflanzenwachstum zügig voran. Wir geben diesen Termin in unserer Schrift „Aussaattage" jährlich an, er kann, bedingt durch die kosmischen Einflüsse, schon Ende März oder erst Mitte Mai liegen.

Bodenbearbeitung im Frühjahr auf stark verunkrauteten Beeten.

Links: Bei Mond vor Löwe wird der abgetrocknete Boden im Frühjahr gut durchgearbeitet. Durch diese Konstellation werden viele Unkrautsamen zum Keimen angeregt.
Mitte: Danach läßt man den Boden 10 bis 14 Tage lang ruhen und wartet auf eine günstige Konstellation für die vorgesehene Aussaat. Nun wird die Erde noch einmal durchgearbeitet und dabei gleich das gekeimte Unkraut untergehackt.
Rechts: Nun kann gesät oder gepflanzt werden, hier Salat an einem Blattag bei absteigendem Mond.

MULCHEN

Unter Mulchen verstehen wir das Bedecken des Bodens mit organischen (Blätter oder angewelktem Grasschnitt) oder anorganischen Materialien (Folie). Hier soll nur von Mulchen mit organischen Substanzen die Rede sein.

Die Bedeckung hat den Vorteil, daß sie Unkräuter unterdrückt und in Trockenzeiten den Boden schützt. Allerdings hat sie auch gewichtige Nachteile. Die Decke dient vielen Schädlingen, allen voran den Schnecken, als willkommener Unterschlupf und als Kinderstube. So müssen wir immer gut überlegen, was wir mit der Bodenbedeckung erreichen wollen, bevor wir sie einsetzen.

Wir mulchen unsere Böden nie. Die genannten Nachteile sind zu schwergewichtig.

DER KOMPOST

So sehen die Kompostmieten bei uns auf dem Hof aus.

Zum Glück findet die Kompostherstellung in den letzten Jahren sehr viele Freunde – denn es ist nicht nur ein „dummer“ Satz, daß der Kompost das Gold des Gartens ist. Es werden sehr viele Verfahren der Kompostherstellung angepriesen. Einmal sollen die Abfälle vorkompostiert, ein andermal Würmer zugegeben und schließlich teure Gefäße zur Kompostbereitung eingesetzt werden. Wir wenden seit Jahren ein einfaches und billiges Verfahren an, das sich sehr bewährt hat.

Wir brauchen dazu vier Tomatenpfähle und nicht imprägnierte Dachlatten von je 1,25 m Länge (Dachlatten von je 2,5 m werden einmal durchgesägt). Die Tomatenpfähle werden im Abstand von einem Meter in einem Viereck an einer schattigen Stelle im Garten eingeschlagen. Die Dachlatten legt man paarweise, aufrecht überkreuz ins Innere des Tomatenpfahl-Vierecks. Auf den Boden gibt man etwas alten Kompost, da dann die Rotte schneller vonstatten geht. Die täglich anfallenden

Diese Art der Kompostbereitung betreiben wir seit vielen Jahrzehnten.
Wir nehmen vier Tomatenpfähle und schlagen sie an den Eckpunkten eines Vierecks ein. Der Abstand der Pfähle beträgt ca. 1 m. Wichtig ist ein schattiger Platz. Nun legen wir 1,25 m lange Dachlatten auf die schmale Seite zwischen die Eckpfähle. Etwas alter Kompost kommt zuunterst auf den Boden, darüber geben wir die gut gemischten organischen Abfälle, die wir immer gleich wieder abdecken. Ab und zu streuen wir eine Handvoll Knochen- oder Hornmehl oder Guano über den Haufen. Im selben Maße wie der Haufen wächst, erhöhen wir mit den Dachlatten die Außenmauern. Wenn monatlich einmal mit dem Fladenpräparat übergossen wird, beschleunigt sich die Rotte. Wenn der Komposthaufen die Höhe von einem halben Meter erreicht hat, geben wir die Kompostpräparate hinzu. Ganz wichtig:
Wir müssen darauf achten, daß der Komposthaufen immer gut feucht ist.

organischen Abfälle werden nun in diesem Viereck aufeinander geschichtet und angefeuchtet. Jedesmal decken wir mit einer Stroh- oder Schilfmatte oder einem Teppichstück ab. Man kann ab und zu eine Handvoll Horn- oder Knochenmehl oder Guano mit einstreuen. Dabei ist es wichtig, daß alles gut feucht ist. Die Rotte läßt sich beschleunigen, indem man einmal monatlich mit dem Fladenpräparat übergießt. Die Biodynamiker geben die Kompostpräparate zu, wenn der Komposthaufen eine Höhe von einem halben Meter erreicht hat. Der Hobbygärtner kann diese Präparate beziehen und verwendet sie nach Anleitung (siehe Bezugsquellen).

Versuche zeigen, daß die Rotte beschleunigt und Stoffverluste minimiert werden, wenn der Komposthaufen gut angefeuchtet wird, Kompostpräparate eingesetzt werden und der Kompost mit einer dünnen Torfmullschicht umgeben wird. Wir verwenden die so behandelten Komposte nach einem Jahr.

Wir raten davon ab, dem Kompost gewisse Materialien zuzusetzen. Das sind gekochte Küchenabfälle sowie Schalen von Zitrusfrüchten oder Bananen, die nicht aus biologischem Anbau kommen. Die Schalen verschimmeln und bilden Antibiotika, die wiederum die Mikroorganismen stören, die für die Rotte zuständig sind. Man kann die Schalen in einem zugedeckten Gefäß in Wasser vergären lassen und dann erst dem Kompost zugeben, dann stören sie die Rotte nicht mehr.

Unkräuter, die sich leicht vegetativ vermehren, zum Beispiel durch Wurzelausläufer, fühlen sich im Kompost sehr wohl.

Links oben: Den ersten Abbau beim Mistkompost besorgen Tintenpilze. Sie benötigen Licht und wachsen außen am Kompost, wenn er genügend feucht ist.

Links: Die zweite Pilzstufe entwickelt sich im Inneren des Kompostes, hier sind kleine Champignonarten in den Abbauprozessen tätig.

Dem Gartenkompost werden nach dem Aufsetzen verschiedene Präparate zugesetzt, damit eine harmonische Rotte in Gang kommt. Die Präparate, die aus Schafgarbe, Kamille, Brennessel, Eichenrinde und Löwenzahn hergestellt werden, müssen nach Anleitung in den Kompost in kleine Löcher hineingegeben werden. Das letzte Präparat, das aus Baldrian hergestellt wird, gießt man mit der Gießkanne schließlich über den gesamten Komposthaufen.

Sie vermehren sich lustig weiter und würden dann mit dem reifen Kompost wieder auf das Beet gebracht werden. Daher verjauchen wir die Unkräuter in Wasser, bevor sie dem Kompost zugesetzt werden. Beispiele sind Quecke *(Agropyron repens)* und Giersch *(Aegopodium)* (siehe S.75f.). Immer wieder kommt uns zu Ohren, daß durch Kompost das Unkrautwachstum auf den Beeten zunimmt. Das kann dann passieren, wenn man den Kompost falsch behandelt. Werden blühende Unkräuter oder die, die bereits Samen angesetzt haben, auf den Kompost gegeben, muß man dafür Sorge tragen, daß die Samen auch auskeimen, bevor der Kompost auf die Beete kommt. Hält man den Kompost gut feucht, keimen die Samen. Da die dann notwendigen Lebensbedingungen fehlen, sterben sie bald ab.

Alle anfallenden Dünger und organischen

Abfälle sollten kompostiert werden. Wurden zum Beispiel tierische Körpersubstanzen (Borsten, Horn- oder Knochenabfälle) ohne Kompostierung dem Boden zugefügt, kam es zu stärkerem Schädlings- und Pilzbefall.

Zum Schluß sei noch ein Vorzug des Reifekompostes im Vergleich zu Frischmist (nicht kompostiert) genannt. Wir erreichen mit 100 Doppelzentner pro Hektar Reifekompost die gleiche Wirkung wie mit 400 Doppelzentner pro Hektar Frischmist. Ferner haben zahlreiche Versuche gezeigt, daß organische Substanzen erst über den Rotteprozeß in die Lage gebracht werden, für guten Bodenaufbau und gesundes Pflanzenwachstum zu sorgen.

Vegetarischer Kompost

Wir haben Versuche mit Komposten angestellt, denen keinerlei tierische Substanzen zugefügt wurden. Dabei ergaben sich erstaunliche Ergebnisse. Positiv zu bewerten ist, daß die Pflanzen sehr gesund und ohne Schädlingsbefall heranwuchsen. Wir konnten sogar beobachten, daß Schädlinge von benachbarten, anders gedüngten Beeten nicht überwechselten. Negativ zu beurteilen ist jedoch, daß die nur mit vege-

Blick auf eines unserer Versuchsfelder. Spinat von Aussaat an Blattagen (vorne) wächst am besten. Pflanzen von Erdnähesaat (Mitte) sind klein und verlausen. Spinat, der an Fruchttagen gesät wurde (hinter den Zwiebeln), bildet schon Samen.

Kopfsalat zum Beispiel verliert die Fähigkeit zur Fruchtbildung, wenn er über Jahre nur mit Kompost gedüngt wird, dem keine tierischen Substanzen zugefügt wurden.

tarischem Kompost angebauten Pflanzen im Laufe der Jahre ihre Fähigkeit zur Fruchtbildung immer mehr verloren, zum Beispiel Blumenkohl und Kopfsalat.

Kompost aus Unkräutern

Wenn große Mengen an Samenunkräutern anfallen, legen wir einen Extra-Kompost an. Wir bringen sie auf einen Haufen und achten darauf, daß alles gut feucht ist. Die Zugabe von etwas reifem Kompost ist empfehlenswert, da die Rotte dann schneller einsetzt.

Durch die Erwärmung keimen die Unkräuter nach kurzer Zeit. Die Pflanzen können sich jedoch nicht voll entwickeln, gehen ein und verrotten zu wertvollen Substanzen für unseren Gartenboden. Es ist jedoch ganz wichtig, daß nach etwa zwei Wochen die obersten 10 cm gewendet werden, da nur ganz außen genügend Licht und Sauerstoff zur Keimung vorhanden ist. Nach der Keimung decken wir mit Gras und ähnlichem ab. Man muß unbedingt darauf achten, daß der Kompost immer genügend feucht ist. Bei trockener Witterung gießt man am besten einmal pro Woche. Der Kompost darf erst verwendet werden, wenn er total vererdet ist, also nach etwa einem Jahr.

Analysen ergaben, daß der Unkrautkompost einen hohen Stickstoffgehalt aufweist, der oftmals bedeutend höher ist als der aus anderen Pflanzenabfällen gewonnene Kompost.

Rasenkompost

Aus Rasenschnitt läßt sich gute Komposterde gewinnen. Wir setzen den Schnitt mit etwas Erde, altem Kompost oder Laub vermischt auf, damit kein „Sauerkraut“ entsteht. Am besten läßt man das Gras vor dem Aufsetzen etwas anwelken, dann kommt es später zu einer schnelleren

Umsetzung im Haufen. Es ist ratsam, pro m^3 Grasschnitt 1 kg Ätzkalk einzupudern.

Schnelle Kompostierung tierischer Körpersubstanzen

Wenn man tierische Körpersubstanzen, wie zum Beispiel Hornmehl, Knochenmehl, Borsten, Wolle, Federn oder Guano, für Spezialdünger (meist Saatrillen- oder Pflanzlochdünger) verwendet, gibt es die Möglichkeit, sie in einem Sonderverfahren zur schnellen Rotte zu bringen. Trotzdem ist dieses Verfahren nicht ideal, besser ist die totale Umsetzung im Komposthaufen. Für die schnelle Rotte mischt man 80 % reifen Pflanzenkompost mit 20 % der tierischen Substanz und stellt kleine Haufen her. Sie müssen gut angefeuchtet, dann mit Stroh abgedeckt und schließlich noch einmal nachgewässert werden. Steht kein Stroh zur Verfügung, kann man notfalls auch eine Plane oder Decke nehmen. Die erste Umsetzungsphase ist nach etwa fünf bis sechs Wochen vorbei und zeigt sich durch einen weißen Belag außen am Haufen. Nun kann man den Spezialdünger verwenden. Die Pflanzen werden nun deutlich weniger von Pilzen befallen (siehe S. 79).

Schnelle Kompostierung von tierischen Körpersubstanzen.

Wir nehmen 80 % reifen Pflanzenkompost und 20 % der tierischen Körpersubstanz. Nach guter Durchmischung werden kleine Häufchen gebildet, die wir sehr gut anfeuchten. Schließlich wird mit Stroh abgedeckt und noch einmal nachgewässert. Nach fünf bis sechs Wochen zeigt sich ein weißer Belag auf den Häufchen (Zeichnung Mitte). Nun können wir den entstandenen Spezialdünger verwenden.

DIE BRENNESSEL UND IHRE VERWENDUNG

Die Brennessel (*Urtica dioica*) besitzt viele gute Eigenschaften. Nach besonderer Vorverkompostierung wird aus ihr eines der Kompostpräparate hergestellt, die wir dem biologisch-dynamischen Kompost zugeben.

Die Erde aus Brennesselkompost ist für die Anzucht von Feinkulturen und zur Pflege von Rosen und Erdbeeren bestens geeignet. Ähnliche Qualitäten weist nur ein gelungener Fichtennadelkompost auf.

Die Brennessel kann auch zur naturgemäßen Schädlingsbekämpfung und als Wachstumsförderer eingesetzt werden.

Beachten Sie bei den nachfolgend beschriebenen Rezepten, daß nie mehr als drei Behandlungen – gleich welcher Art – durchgeführt werden sollten. Bei mehr Behandlungen kann es zu verminderter Lager- und Keimfähigkeit kommen. Dasselbe passiert, wenn die Jauche konzentrierter angerührt und verwendet wird, als in den nachfolgenden Rezepten von uns empfohlen.

Die Große Brennessel *(Urtica dioica)* besitzt viele gute Eigenschaften, die uns bei der Gartenarbeit zugute kommen.

Der 24-Stunden-Auszug

Für einen solchen Auszug schneidet man 1 kg frisches, oberirdisches Brennesselkraut. Die Pflanzen dürfen blühen, jedoch noch nicht zur Samenbildung gekommen sein.

Das Kraut steckt man in ein Holz-, Ton- oder Emailgefäß und gießt 10 l kaltes oder

Die Brennessel wird von uns in der Schädlingsbekämpfung und zur Wachstumsförderung eingesetzt. Man stellt daraus einen 24-Stunden-Auszug oder eine Jauche her. Das Rezept und die Anwendung können im Text nachgelesen werden.

handwarmes Wasser dazu. Nun läßt man das Ganze 24 Stunden stehen, danach muß gut abgesiebt werden.
Der Auszug hilft bei Maden- und auch Raupenbefall, nach dreimaliger Wiederholung innerhalb weniger Stunden. Er wird – fein verdüst – über die befallenen Pflanzen gespritzt.

Brennesseljauche als treibende Substanz

1 kg frisches, oberirdisches Brennesselkraut (darf blühen, aber nicht in Samenbildung sein) wird mit 10 l kaltem oder lauwarmem Wasser in ein Holz-, Ton- oder Emailgefäß gegeben. Das Ganze bleibt stehen, bis die Blätter verwest sind. Dieser

Zeitpunkt ist von der Außentemperatur abhängig. Nach acht Tagen oder vielleicht auch erst nach vier Wochen ist dann die Jauche entstanden.

Jauche wirkt sehr stark treibend und darf nur verdünnt angewendet werden. 1 l Jauche wird mit 9 l Wasser verdünnt, wenn wir die Jauche fein auf den Boden spritzen wollen. Beim Gießen nimmt man 1 l Jauche auf 40 l Wasser.

Wachstumsstockungen durch kalte Witterung, der oft Läusebefall folgt, können durch Gießen oder Spritzen von Brennesseljauche entgegengewirkt werden. Die Anwendung findet am frühen Morgen oder abends statt. Danach muß nachgewässert werden. Nach dreimaliger Behandlung (an drei aufeinanderfolgenden Abenden) von Rosen, Beerensträuchern und Obstbäumen konnten wir in Versuchen feststellen, daß Läuse und oft auch Pilze verschwanden.

Förderung von Pflanzenwachstum durch Brennesseljauche

Die Jauche wird, wie vorher beschrieben, hergestellt.

Die Verdünnung ändert sich allerdings. 0,25 l Jauchengrundsubstanz vermischen wir mit 10 l Wasser und können damit zum Beispiel Tomaten, Gurken, Spinat und Kohl gießen. Das geschieht dreimal während der Vegetationsperiode.

Will man spritzen, dann wird 0,5 l Jauchengrundsubstanz mit 10 l Wasser verdünnt und 15 Minuten lang gerührt. Dann muß mit sehr feiner Düse ausgesprüht werden.

Kartoffeln sind für diese Behandlung ausgesprochen dankbar, ebenso Beerensträucher, die wir nach der Ernte gespritzt haben.

DÜNGEWASSER AUS KRÄUTERN

Nicht nur aus Brennessel läßt sich eine Jauche zum Düngen herstellen (siehe Seite 45ff.), auch andere Pflanzen sind hierfür geeignet. Beispiele sind Distel, Gänsedistel, Beinwell und Vogelmiere. Aber auch Kräuter, die wir selbst in der Küche brauchen, können verjaucht und als Düngewasser verwendet werden. Haben wir also Reste von Beifuß, Kamille, Lavendel, Schafgarbe oder Zitronenmelisse übrig, setzen wir sie zum Verjauchen an (1 kg frische Kräuter auf 10 l Wasser). Später können wir 1 l der Jauche auf 40 l Gießwasser geben und damit gießen. Höher soll die Konzentration nicht sein. Die Reste kommen auf den Kompost.

Aus Beinwell *(Symphytum officinale*, links) und Echter Kamille (rechts) lassen sich Jauchen herstellen, mit denen wir düngen können.

HORNMISTPRÄPARAT UND HORNKIESELPRÄPARAT

Radieschen von einem Rhythmen- und Präparateversuch: Der Unterschied liegt bei etwa 40 %.

Das Hornmistpräparat (Präparat 500) und das Hornkieselpräparat (Kieselpräparat 501) sind für die biologisch-dynamische Anbauweise unerläßlich.

Das **Hornmistpräparat** wird aus Kuhmist hergestellt. Es stellt eine gute Beziehung von der Pflanze zu den Erdenkräften her. Spritzt man es zu Aussaaten, dann kann die Pflanze mehr Wurzeln entwickeln und den oberirdischen Pflanzenteil besser versorgen. Wir benutzen es auch beim Umpflanzen; das ist besonders dann wichtig, wenn die Pflanzzeit nicht genutzt werden kann. Das Hornmistpräparat schwächt den ungünstigen Impuls der „Nicht-Pflanzzeit“ ab.

In biologisch-dynamischen Höfen wird Kuhmist im Oktober in ein Kuhhorn eingefüllt. Dieses Horn vergräbt man in der Erde, wo es über den Winter verbleibt. Das Horn saugt die Kräfte aus der Wintererde auf und verbindet sie mit dem Mist. Im Frühjahr nimmt man das Horn aus der Erde heraus und füllt den Inhalt des Kuhhorns in ein Glasgefäß ein. Dieses verschließt man mit einem Glasdeckel oder Korken und bewahrt es bis zum Gebrauch in Torfmull auf. Das Hornmistpräparat ist zwei Jahre verwendbar.

Bei unseren landwirtschaftlichen Flächen rühren wir 30 g Hornmistpräparat in 10 l Wasser ein. Achten Sie dabei auf gute Trichterwirkung von außen nach innen. Nur eine Person darf rühren (genaue Anweisung siehe Seite 51). Das reicht für die Spritzung von 2500 m^2 Boden. Gärtner brauchen – je nach Größe der Fläche – entsprechend weniger. Das Hornmistpräparat wird vor der Saat dreimal gespritzt, im Abstand von etwa 10 Minuten.

Das **Hornkieselpräparat** wirkt gemeinsam mit den kosmischen Kräften, daher soll es an den Tagen gespritzt werden, an denen die für die Pflanze günstige Saatzeit ist. Das heißt, Blattpflanzen wie Salat werden an Blattagen gespritzt.

Unsere Versuche brachten in Einzelfällen noch einige spezielle Ergebnisse. So ist es günstig für die Lagerqualität, wenn Lagerkohl die letzte Spritzung mit dem Hornkieselpräparat an Blütentagen vor der Ernte erhält. Eine bessere Möhrenqualität bekommt man durch eine letzte Kieselspritzung bei Mond vor Widder oder vor Waage nachmittags kurz vor der Ernte. Die nachstehende Tabelle soll die Anwendung noch einmal verdeutlichen.

Für das Hornkieselpräparat brauchen wir durchsichtigen Bergkristall, der möglichst nicht mit anderen Stoffen verunreinigt ist. In der Industrie stellt man daraus Lupen her. Betrachten wir die Lupen. Fällt Sonnenlicht hindurch, kann sich darunterliegendes Papier entzünden und verbrennen. Die Licht- und Wärmewirkung wird also verstärkt. Diese Eigenschaft machen wir

Anwendung des Kieselpräparates

Pflanzen	**Zeitpunkt der Spritzung mit Kieselpräparat**
Wurzelpflanzen	an Wurzeltagen: dreimal innerhalb eines Monats (das heißt: etwa alle neun Tage einmal an Wurzeltagen); morgens nach Sonnenaufgang
Blattpflanzen	an Blattagen: dreimal innerhalb eines Monats; morgens nach Sonnenaufgang
Blütenpflanzen	an Blütentagen: dreimal innerhalb eines Monats; nach Sonnenaufgang
Frucht/Samenpflanzen	an Frucht/Samentagen: dreimal innerhalb eines Monats; nach Sonnenaufgang

uns beim Pflanzenanbau zunutze. Wir geben fein verriebenen Quarz in ein Kuhhorn. Die Form und Spiraltendenz des Kuhhornes hat eine stark konzentrierte Wirkung auf das biologische Geschehen, so ergab die geisteswissenschaftliche Forschung Rudolf Steiners. Das Kuhhorn kommt in die Sommererde und konzentriert die Sommersonnenwirkung im Hornkieselpräparat.

Vom Hornkieselpräparat nehmen wir 0,5 g und rühren es eine Stunde in 4 bis 5 l Wasser. Das reicht für 1000 m^2 Pflanzenfläche. Für 100 m^2 brauchen wir ca. 0,5 l. Es ist ganz wichtig, daß man einen guten Trichter rührt. Die Rührung (siehe auch nebenstehende Zeichnung und Bildunterschrift!) muß vom Rand des Ton- und Holzgefäßes nach innen gehen, nicht von der Mitte nach außen! Die Kräfte des Umkreises werden durch den Sog hineingezogen und konzentriert. Rührt man von innen nach außen, dann „versprüht" man die Kräfte. Das gerührte Präparat muß innerhalb der nächsten drei bis vier Stunden verwendet werden, da es danach bald seine Wirkung verliert. Es ist sehr wichtig, daß nur eine Person rührt, es sollte nicht gewechselt werden.

Beide Präparate stellen wir bei uns in der Versuchsstation selbst her. Für Hobbygärtner ist die Eigenherstellung zu aufwendig, er kann die Präparate nach entsprechender Beratung über die Adresse (siehe Seite 121) beziehen. Die Anleitung, wie die Spritzbrühe hergestellt wird, bekommen Sie bei Lieferung der Präparate dazu (siehe auch Hinweis auf Seite 54 unten).

Beim Rühren der Präparate, zum Beispiel mit einem Holz- oder Bambusstab, ist es sehr wichtig, daß wir einen guten Trichter rühren. Wir rühren von außen nach innen, dann zieht man die Kräfte der Umgebung mit hinein. Es darf nur von einer Person gerührt werden. Hat sich der Trichter richtig aufgebaut, ziehen wir den Stab heraus, lassen noch eine Weile nachschwingen und rühren dann einen Trichter in die andere Richtung.

DAS FLADENPRÄPARAT

Leider ist es nicht ganz einfach, das Fladenpräparat zu beziehen, wenn man es nicht selbst herstellen will oder kann. Regionale Gruppen helfen meist weiter oder die Adresse auf Seite 121.

Der Kuhfladen ist das Trägermaterial für die drei Aspekte Hühnereierschale, Basalt und Kompostpräparate, aus denen das Fladenpräparat hergestellt wird. Diese Fladen sollten möglichst von Kühen aus einem biologisch-dynamisch bewirtschafteten Hof stammen. Es empfiehlt sich, die Kühe einige Tage auf Rauhfutter umzustellen, damit der Fladen eine gute Formung aufweist. Auch die Eierschalen sollten möglichst von einem biologisch-dynamischen Hof stammen.

Fünf 10-Liter-Eimer reiner Fladen, 100 g trockene, fein verriebene Eierschale und 500 g Basaltsand (0,2 bis 0,5 mm Körnung) gibt man in eine Holzbütte. Mit einem Spaten wird das Ganze eine Stunde lang umgestochen und bewegt, das ist die Dynamisierung.

Die erste Hälfte dieser Mischung geben wir nun in ein altes Holzfaß ohne Boden (!), das 40 bis 50 cm tief im Freien in den Boden eingegraben wurde. Die ausgegrabene Erde wird rings um das Faß angehäuft (angeworfen). In die erste Hälfte geben wir nun eine halbe Portion Kompostpräparate (siehe Kompost, Seite 41), einzeln angeordnet wie auf dem Komposthaufen. Dann kommt die zweite Hälfte der Mischung ins Faß, und nun gibt man die zweite Hälfte der Kompostpräparatportion, einzeln angeordnet, hinein. Dann rühren wir fünf Tropfen Baldrianpräparat zehn Minuten lang in einen Liter Wasser. Das „Baldrian-

Das Fladenpräparat: Es hat die beschriebenen Prozeduren durchgemacht und ist gebrauchsfertig.

Herstellung des Fladenpräparates

Fünf 10-Liter-Eimer Rindermist, 100 g trockene, fein verriebene Eierschalen und 500 g Basaltsand (0,2 bis 0,5 mm Körnung) sticht man in einer Holzbütte eine Stunde lang um.
Dann geben wir die Mischung und die Kompostpräparate, wie im Text beschrieben, in ein eingegrabenes Holzfaß ohne Boden und lassen alles vier Wochen ruhen. Dann stechen wir mit dem Spaten noch einmal um. Nach weiteren vier Wochen Ruhe kann das Fladenpräparat angerührt werden.

wasser" gießen wir über den Faßinhalt und decken das Faß mit einem Holzdeckel oder Brett zu.
Nun lassen wir das Faß vier Wochen ruhen. Dann wird der Inhalt mit einem Spaten kurz umgestochen. Weitere vier Wochen später kann man das Fladenpräparat dann verwenden.

Von dem Fladenpräparat rühren wir für unsere landwirtschaftlichen Versuche 20 Minuten 60 g in 10 l Wasser (von einer Person, mit guter Trichterwirkung von außen nach innen, siehe auch Seite 51). Die Menge reicht für die Spritzung von 2500 m². Gärtner brauchen – je nach Fläche – wesentlich weniger Wasser und auch weniger Präparat.
Die besten Ergebnisse erzielen wir nach drei Spritzungen an aufeinanderfolgenden Tagen mit dem Fladenpräparat (drei bis fünf Tage vor der Aussaat). Diese können zwei bis drei Tage von derselben Rührung genommen und gegen Abend gespritzt werden.
Das Fladenpräparat aktiviert die Umsetzungen im Boden, es regt die Bodenorganismen an, die dann für eine bessere Bodenstruktur und schnellere Verbauung von anorganischen und organischen Substanzen sorgen. Wir empfehlen, auch dann zu spritzen, wenn eine Gründüngung eingebracht oder Mist oder Kompost ausgebracht wurde (jeweils einmal). Wir geben es auch zur Winterfurche (einmal).
Das Fladenpräparat wird in allen Ländern angewendet, in denen biologisch-dynamischer Land- und Gartenbau betrieben wird. Wir können heute noch nicht sagen, ob als Trägersubstanz statt Kuhfladen auch Mist von anderen Tieren verwendet werden kann. Schaf-, Ziegen-, Pferde-, Hühner- und Kaninchen-Mist sind denkbar. In einigen Jahren werden wir über die Ergebnisse von zahlreichen Versuchen berichten können, die derzeit durchgeführt werden.

Das Hornmist-, das Hornkiesel- und das Fladenpräparat müssen vor dem Spritzen abgeseiht werden. Das Sieb muß sehr fein sein – etwa ein Haarsieb. Noch bessere Dienste leistet ein doppelter Perlonstrumpf. Danach verstopfen die Düsen nicht mehr.

GESTEINSMEHL

Gesteinsmehle können bei der Düngung von Pflanzen verwendet werden. Dabei ist auch hier grundsätzlich der Weg über den Kompost nötig. Sie werden in geringen Mengen dem Kompost zugegeben und sorgen für eine bessere Kompostqualität, da sie im Boden die Tonbildung anregen.

Basaltmehl

Basaltmehl sei hier gesondert hervorgehoben. Basalt ist ein relativ junges Gestein, das zwar durch einen Wärmeprozeß gegangen, aber nicht verbrannt ist. Für uns ist Basaltmehl ein Heilmittel, daher darf es auch nur in kleinen Mengen über die Kompostierung dem Boden zugefügt werden. Heilmittel wirken nicht, wenn wir sie in Mengen wie Nahrungsmittel verwenden.

Ernte von Beerenobst

GRÜNDÜNGUNG

Unter Gründüngung verstehen wir eine Bodenbegrünung mit bestimmten Pflanzen – den Gründüngungspflanzen. Die Pflanzen bleiben kürzere (einige Wochen) oder längere Zeit (über Winter) auf dem Beet stehen, werden dann in der Regel grün geschnitten und in den Boden eingearbeitet. Teilweise werden die Pflanzen jedoch auch als Viehfutter verwendet.

Die Gründüngung bringt viele Vorteile. Sie schützt den Boden und bringt einen Fruchtwechsel. Bestimmte Gründüngungspflanzen – die Leguminosen (Hülsenfrüchtler) – können Luftstickstoff binden und in den Boden bringen. Durch das Unterhacken der Pflanzen versorgen wir die Erde mit organischen Materialien, so wird das Bodenleben angeregt.

Durch Bodenanalysen haben wir festgestellt, daß nach dem Anbau von Kornblume, *Phacelia* (Bienenfreund) und Kornrade ein höherer Phosphorgehalt im Boden vorliegt. Nach *Phacelia* und Kornrade waren die Kaliumwerte gestiegen, nach Erbse und Lupine die Kalziumgehalte.

Die Aussaatzeit der Gründüngung richtet sich danach, wie man sie verwenden will. Soll viel Blattmasse für Viehfutter wachsen, dann wird an Blattagen gesät. Die Leguminosen (Hülsenfrüchte), die einen hohen Besatz an Wurzelknöllchen zur Stickstoffsammlung bringen sollen, werden an Wurzeltagen gesät.

Wenn die Gründüngungspflanzen geschnitten und in den Boden eingearbeitet werden sollen, wählt man die Zeit des absteigenden Mondes (Pflanzzeit). Dann konzentrieren sich die Kräfte nach unten,

Die Lupine ist eine empfehlenswerte Gründüngungspflanze.

was die Umsetzungen im Boden fördert. Wir empfehlen, zusätzlich das Fladenpräparat zu spritzen, dann werden die Umsetzungen beschleunigt.

Empfehlenswerte Gründüngungspflanzen für den Garten sind:
Perserklee
Lupine
Phacelia
Platterbse
Roggen

Gründüngungspflanze *Phacelia* (Bienenfreund). *Phacelia* ist Bienenpflanze und Bodenverbesserer.

Wenn die Gründüngung (hier Roggen) in den Boden eingearbeitet werden soll, wählt man die Zeit des absteigenden Mondes (Pflanzzeit). Der auf dem Foto gezeigte Roggen ist für das Einarbeiten im Herbst. Im Frühjahr müßte er umgebrochen werden, wenn die Pflanzen noch kleiner sind.

FRUCHTWECHSEL UND FRUCHTFOLGE

Unter Fruchtwechsel verstehen wir den Anbau von wechselnden Pflanzenarten auf ein und demselben Beet. Wichtig ist eine mehrjährige Anbaupause von Arten derselben Familie, um einseitigen Nährstoffentzug, Anreicherung von Absonderungsprodukten und Fruchtfolgekrankheiten zu verhindern. Zum Beispiel sollte man Kopfkohl nicht nach Blumenkohl pflanzen.

Werden Böden einseitig beansprucht, indem dieselbe oder verwandte Arten in zu kurzem oder keinem Abstand auf dem gleichen Beet angebaut werden, kommt es zuerst zu Mangelerscheinungen. Krankheiten und Schädlinge folgen. Wir können

Wenn man die Fruchtfolge plant, muß bedacht werden, daß auch die Gründüngungspflanzen in die Folge passen. Der Senf zum Beispiel gehört zur Familie der Kreuzblütler, zu denen auch die Kohlgewächse zählen.

Die Pflanze durchlebt eine Fünfgliedrigkeit – Wurzel/Blatt/Blüte/Same/Frucht –, die sie im Laufe der Jahre auch durchmachen möchte. In der Praxis kommen wir zu der Vierer-Aufteilung Wurzel, Blatt, Blüte, Frucht/Same.
Das sei hier am Beispiel der Kreuzblütler verdeutlicht: Radieschen konzentrieren die Kräfte in der Wurzel (oben links). Die Kopfkohlarten, wie zum Beispiel der Rotkohl, halten die Stengelkräfte im Blattbereich zurück (unten links). Der Blumenkohl schenkt uns schließlich seine Knospe mit unvergleichlichem Geschmack (oben rechts). Da wir im Garten keinen Kreuzblütler haben, den wir wegen seiner Samen anbauen, kann zum Beispiel das Unkraut Hirtentäschel die Lücke ausfüllen. Auch der Raps (unten rechts) ist möglich, den wir in der Landwirtschaft zum Beispiel zur Ölgewinnung anbauen.

zwar durch Pflanzenschutzmittel die Pflanze erhalten, die Qualität der Frucht ist aber nachhaltig geschädigt, und das können wir nicht ausgleichen. Durch die richtige Fruchtfolge tritt all dies gar nicht erst auf.

Für Hobbygärtner ist die Fruchtfolge oft ein Problem, da nur wenig Beetfläche zur Verfügung steht und bestimmte Gemüse ständig verlangt werden. Wir müssen daher am Jahresanfang eine gute Fruchtfolge planen und im Jahresverlauf die Pflanzungen aufschreiben. Tut man das nicht, entsteht schnell ein unübersichtlicher Fruchtwechsel mit den beschriebenen Folgen.

In verschiedenen Büchern und Zeitschriften konnte und kann man lesen, daß die Folge Starkzehrer, Schwachzehrer und Leguminose eingehalten werden soll. Wir haben jedoch festgestellt, daß dies innerhalb kurzer Zeit Pflanzenschutzmittel erfordert. Die Pflanzen wurden krank, mußten behandelt werden und büßten an Qualität ein.

Bei sinnvollen Fruchtfolgen müssen die Pflanzenfamilien beachtet werden. Am Beispiel der Kohlhernie soll das erklärt werden. Die Kohlhernie ist eine Wurzelwucherung, die durch einen bodenbürtigen (im Boden lebenden) Pilz an den Wurzeln der Kohlarten (und Kreuzblütler) hervorgerufen wird. Nicht nur Weißkohl und Kohlrabi werden also befallen, sondern auch Raps, Senf, Radieschen und so weiter, die alle zur selben Familie gehören. Auch bei einer Gründüngung, zum Beispiel mit Senf, muß die Fruchtfolge beachtet werden. In diesem Fall sollte man sich für eine andere Gründüngungspflanze, zum Beispiel *Phacelia*, entscheiden. Wir empfehlen, daß fünf Jahre lang nicht die gleiche Pflanzenfamilie auf das gleiche Beet kommt.

Außerdem muß die „Organbildung“ der Pflanze bedacht werden. Die Pflanze

Fruchtfolgebeispiel, wie es sich bei uns bewährt hat: Blumenkohl für das erste Jahr (ganz links oben), Rote Bete für das zweite Jahr (ganz links unten), Buschbohnen für das dritte Jahr (links oben), Kartoffeln für das vierte Jahr (links unten), danach Erdbeeren für die nächsten Jahre (rechts).

durchlebt eine Fünfgliedrigkeit und möchte sich im Laufe der Jahre in den Fruchtungsmöglichkeiten, Wurzel – Blatt – Blüte – Same – Frucht, erleben. Hier entsteht wieder die Verbindung zu den von uns beschriebenen kosmischen Impulsen, die genau diese „fünf Glieder" beachten (siehe Seite 13). Diese sind bei der Fruchtfolgeplanung zu berücksichtigen.

Wir wollen uns das an der Familie der Kreuzblütler verdeutlichen, zu der beispielsweise die Kohlarten gehören. Rettich und Radieschen konzentrieren die Kräfte in der Wurzel, im Bereich des Wurzelhalses verdicken sie sich und bringen hier die Frucht hervor. Die Kopfkohlarten halten die Stengelkräfte im Blattbereich zurück und hüllen ein Blatt um das andere, bis der Prozeß mit der Erntereife abgeschlossen wird. Der Kohlrabi verdickt den Stengel und entwickelt hier seine Frucht. Der Blumenkohl schließlich bildet sein Herz um, um uns seine unvergleichlich schmekkende Knospe zu präsentieren.

Bei den Kreuzblütlern gibt es im Garten keine Pflanzen, die wegen ihrer Samen angebaut werden. In der Landwirtschaft haben wir den Raps. Im Garten könnten Unkräuter – wie etwa Hirtentäschel und Hellerkraut – die Lücke ausfüllen, damit durch die Pflanzen der volle Austausch mit dem Boden stattfinden kann.

Wir sehen also, daß im Folgejahr nicht nur die Pflanzenfamilie, sondern auch ein anderes Pflanzenorgan auf dem Beet wachsen sollte bzw. muß. In der Praxis berücksichtigen wir die Organe Wurzel, Blatt, Blüte und Frucht/Same – wir bekommen also eine Vierer-Aufteilung.

Wir empfehlen, daß ein Beet, das im ersten Jahr Blattpflanzen trug, im nächsten Jahr Pflanzen erhält, die ihre Wurzeln verdicken. Im dritten Jahr sollte man Gewächse wählen, denen der Boden die im unteren Bereich zurückgehaltenen Kräfte in die oberen Pflanzenbereiche (Samen oder Fruchtfleisch) hinauftragen kann. Wie auch wir Menschen immer wieder richtig ausatmen müssen, muß das auch der Boden – und diese Wirkung hat das dritte Jahr. Im vierten Jahr wachsen Blütenpflanzen auf dem Boden. Nun schießen keine überflüssigen Samenkräfte in die Pflanze hinein, da sich der Boden dieser im letzten Jahr bereits entledigt hat. So kann es nicht zur unerwünschten Samenbildung bei den Blütenpflanzen kommen.

Werden neben dem Wechsel der Pflanzenfamilie auch die im voranstehenden Abschnitt erläuterten vier bzw. fünf Pflanzenorgane bei der Fruchtfolge beachtet, dann schafft man die besten Voraussetzungen für Boden und Pflanzenwachstum.

In den nachfolgenden Fruchtfolgebeispielen gehen wir von einem überständigen Erdbeerbeet aus, einer Erdbeerpflanzung also, die an anderer Stelle ersetzt werden muß. Nach der letzten Erdbeerernte wird abgemäht, die grünen Pflanzenteile kommen auf den Komposthaufen. Dann gräbt man das Beet um und sät Roggen mit

Lupine ein. Das hat sich als sehr günstig erwiesen, da der Boden ab und zu mit Gras bewachsen werden sollte. Außerdem wurzelt der Roggen sehr tief und lockert so auch untere Bodenschichten. Die Lupine als Leguminose sammelt Stickstoff und verbessert so die Nährstoffsituation. Im Frühjahr werden die gewachsenen Pflanzen als Gründüngung abgeschnitten und untergehackt. Nun hat man eine gute Ausgangssituation für den Anbau von Kreuzblütlern, also zum Beispiel von Kohlarten.

Im folgenden haben wir einige Fruchtfolgebeispiele zusammengestellt. Daraus soll jeder sein eigenes passendes Fruchtfolgesystem entwickeln, das dann den Gegebenheiten vor Ort gerecht wird. Wir haben mit dieser Fruchtfolge sehr gute Erfahrungen gemacht. Die Pflanzen waren und blieben gesund, die Erträge waren sehr gut.

Die Erdbeere bleibt fünf bis acht Jahre auf demselben Beet stehen, dann beginnt die Anbau-Reihenfolge von vorn.

Nun noch einige Tips:

– Statt Kartoffeln kann man auch Schnittblumen anbauen.

– Beim Anbau von Kartoffeln können Lupinen mit eingesät werden. Sie werden bei Hackarbeiten nicht gesondert berücksichtigt. Wenn die Lupinen-Blütenknospen erscheinen, schneidet man sie ab, dadurch kommt es zur Seitentriebbildung mit dem gewünschten verstärkten Blattwachstum. Dadurch wiederum erreichen wir eine höhere Knöllchenbildung und Stickstoffsammlung an den Wurzeln der Lupinen.

Ausgangssituation: Roggen-/Lupine-Gründüngung nach Erdbeerumbruch

1. Jahr	**2. Jahr**	**3. Jahr**	**4. Jahr**	**5. Jahr**
Weißkohl	Möhre	Markerbse	Kartoffel	Erdbeere
Rotkohl	Pastinake	Puffbohne	Kartoffel	Erdbeere
Wirsing	Schwarzwurzel	Zuckererbse	Kartoffel	Erdbeere
Blumenkohl	Rote Bete	Buschbohne	Kartoffel	Erdbeere
Grünkohl	Zwiebeln	Zuckermais	Kartoffel	Erdbeere
Rosenkohl	Sellerie	Stangenbohne	Topinambur	Erdbeere
Kohlrabi	Lauch	Paprika	Topinambur	Erdbeere
Steckrübe	Mangold	Gurke	Topinambur	Erdbeere
Radieschen	Petersilie	Tomate	Topinambur	Erdbeere
Rettich	Kräuter	Gurke	Blumen	Erdbeere

– Wenn im Herbst die Tomaten und Gurken abgeerntet wurden, dann kann Wicke eingesät werden.

Einige Beispiele sollen verdeutlichen, warum wir die obigen Fruchtfolgen vorschlagen: Grünkohl etwa braucht Kräfte für die lockere Blatt- und Stengelbildung. Die im nächsten Jahr folgende Zwiebel kann ohne Aufstengelungsbedürfnis ihren Fruchtkörper entwickeln.

Kohlrabi konzentriert die Kräfte auf das Anschwellen seiner Stengelregion. So ist er für den Lauch als Vorfrucht geradezu ideal, da dieser wiederum durch zu starke Stengelkräfte aus dem Boden in seiner Blatthüllenbildung gestört werden würde. So kann er seine Blatthüllen mehren und dicht an dicht packen, um die schönsten Lauchstangen zu bilden.

Diese Betrachtungen könnten noch seitenweise fortgeführt werden. Sie sollen jeden dazu anregen, über derartige Dinge nachzudenken und eigene Beobachtungen anzustellen.

Nun noch zu den Pflanzen, die in der Tabelle ausgelassen wurden und keine ganze Vegetationsperiode in Anspruch nehmen, um zur Reife zu kommen. Es handelt sich hier um beliebte Gemüse wie Spinat, Kopfsalat, Feldsalat, Endivien und Schnittsalat. Mit diesen Pflanzen handhaben wir es folgendermaßen:

– Salat wird als Markiersaat zwischen Möhren ausgesät. (Markiersaat: Die Möhren brauchen lange für die Keimung, daher sät man schnellkeimenden Salat, um die Saatreihen beim Hacken gut und frühzeitig erkennen zu können.) Die jungen Salatpflanzen kommen später auf die Kohlbeete, wenn sie mit den Möhren-Jungpflanzen in Konkurrenz treten. Bis der Kohl zu groß geworden ist, haben wir den Salat längst geerntet. So können beide wachsen.

– Spinat und Feldsalat säen wir an den Rand der Gurkenbeete. Sie schützen und bedecken den Boden und sind bereits geerntet, wenn die Gurken den Platz auch benötigen.

– Salat und Spinat können im Frühjahr auf den Beeten als Zwischenfrucht gepflegt werden, die erst später (ab Mai) mit der Hauptfrucht bepflanzt werden.

– Salat, Spinat und Endivien können im Anschluß an die abgeernteten Gemüse Frühkohl, Buschbohnen oder Frühkartoffeln auf den Beeten wachsen.

Wir konnten bisher noch keine Fruchtfolgeschäden durch diesen Zwischenfruchtanbau feststellen.

Einzig bei den Kreuzblütlern muß man Vorsicht walten lassen. Die kurzlebigen Radieschen, Rettiche oder die Gartenkresse dürfen nur auf Kohlbeeten wachsen. Man kann sie dort zum Beispiel auch an den Rand setzen. Sie dürfen niemals auf die Beete kommen, auf denen andere Pflanzenfamilien wachsen, da dadurch der gewünschte Abstand von fünf Jahren in der Fruchtfolge nicht mehr eingehalten wird (siehe auch Text Seite 61, vierter Absatz).

Der Kohlrabi (rechts) ist die ideale Vorfrucht für Lauch (unten). Der Kohlrabi konzentriert die Kräfte im Stengelbereich und verdickt ihn, um seine „Frucht" auszubilden. Der Lauch wird so nicht durch zu starke Stengelkräfte aus dem Boden irritiert und kann seine Blatthüllen dicht an dicht packen, um die schönsten Lauchstangen zu entwickeln.

BEWÄSSERUNG

Es wird Sie wundern, aber wir wässern unsere Pflanzungen nicht, außer nur einmal nach der Umpflanzung, bei der Rasenaussaat, weil der Rasen obenauf liegt, und außerdem natürlich die Pflanzen im Gewächshaus. Selbst in Trockenjahren haben wir gute Erträge, weil wir einige Grundgesetze der Natur beachten.

Am Vormittag atmet der Boden aus, am Nachmittag atmet er ein. Die Kräfte orientieren sich am Morgen nach oben (zu den oberen Pflanzenteilen). Nachmittags und abends konzentrieren sich die Kräfte zu den unteren Pflanzenteilen und streben in die Erde. Man kann sich diese Tatsachen also zunutze zu machen. Wenn man „Wasser" in die Erde haben möchte, hackt man abends, dann atmet der Boden die Feuchtigkeit der Umgebung ein. Ist das Erdreich zu feucht, hackt man morgens, da jetzt der Boden Feuchtigkeit nach außen ausatmet.

Wir wässern unsere Pflanzungen nie, außer einmal nach der Umpflanzung und bei der Rasen-Aussaat. Das gilt natürlich nicht für das Gewächshaus. Hier müssen wir angemessen, also im Sommer sogar bis zu zweimal am Tag gießen.

Am Vormittag atmet der Boden aus (links), am Nachmittag ein (rechts).

Es werden nur die oberen 3 cm gehackt, da so eine lockere Schicht entsteht, die als Feuchteregulator wirkt.

Wenn man die Pflanzen ans Gießen gewöhnt, schicken sie ihre Wurzeln nicht so tief in die Erde. Kommt dann eine Trockenzeit, sind sie vom „künstlichen" Bewässern abhängig. Wir konnten schon Möhren und Pastinaken ernten, deren Saugwurzeln bis zu 1,20 m lang waren, bei den Zwiebeln waren es 80 cm. Außerdem haben wir festgestellt, daß durch wiederholtes Gießen die Struktur der Böden zerstört wird. Sie werden hart und bei Trockenheit rissig.

Während trockener Perioden kann man die Beete mulchen. Allerdings sollte der Mulch sofort abgeräumt werden, wenn es wieder genügend geregnet hat, da er sonst eine ideale Nist- und Brutstätte für Schnecken darstellt.

In Trockenzeiten hacken wir gegen Abend an Blatt- und Wurzeltagen. Außerdem läßt sich die Nachtfeuchte fördern und Taubildung unterstützen, wenn wir gegen Abend die Wege und Rasenflächen mit dem Hornmistpräparat (siehe Seite 49ff.) oder dem Fladenpräparat (siehe Seite 52ff.) spritzen.

Wasserqualität

Natürlich ist es nicht gleich, mit welchem Wasser man gießt. Wir gießen nur einmal beim Umpflanzen und im Gewächshaus.

Von dem Wasserforscher Theodor Schwenk, Begründer und langjähriger Leiter des Instituts für Strömungswissenschaften in Herrichried, wissen wir, daß unser Wasser schon dadurch verbessert werden könnte, wenn unsere Bäche und Flüsse wieder ihrem natürlichen Lauf folgen dürften. Diese Forschungsergebnisse regten den englischen Bildhauer John Wilkes dazu an, Schalen zu schaffen, in denen das Wasser seinen Eigenbewegungsbedürfnissen folgen kann.

Wir führten nun folgenden Versuch durch. Zwischen unsere beiden Teiche, die unterschiedliche „Höhenlage“ haben, stellten wir 36 dieser Schalen auf und gossen Aussaaten in unserem Gewächshaus eine Woche lang mit Wasser, das durch die Schalen gelaufen war. Nach der Auspflanzung wurden die Gemüse genauso behandelt, wie alle anderen auch – also nicht gegossen. Die Pflanzen zeigten ein bedeutend besseres Wachstum. Allerdings eignet sich dieses Wasser nicht für das Anrühren der Präparate.

In bezug auf die Wasserqualität sind noch viele Fragen offen. Hier müssen in Zukunft viele Versuche angestellt werden – auch im Hinblick auf das Tränken der Tiere oder auf unser Trinkwasser. An verschiedenen privaten oder staatlichen Instituten laufen Forschungen zu diesem Thema, trotzdem gibt es noch keine endgültigen Aussagen und Empfehlungen.

Wirbler: Wenn Wasser durch diese Gefäße gelaufen ist, hat es eine wachstumsfördernde Kraft. Die Schalen sind zur Aufbereitung von Abwasser entwickelt worden.

SPÄTFROSTGEFAHR IM MAI

Oftmals droht unseren Pflanzungen im Mai noch einmal ein Spätfrost, der verheerende Wirkung haben kann. Empfindliche Kulturen erhalten eine Abdeckung, zum Beispiel mit einem Folientunnel oder einem Wanderkasten. Hat der Frost doch Schaden angerichtet, spritzen wir am Morgen Baldrianwasser. Wir geben einen Tropfen Baldrianblütensaft (siehe Bezugsquellen, Seite 121) auf 1 l Wasser und rühren das Ganze 15 Minuten lang. Dann spritzen wir das Wasser auf die geschädigten Pflanzen. Nach einer Stunde muß mit Gießwasser gut nachgewässert werden.

Aus Baldrianblüten wird ein Extrakt gewonnen (siehe Bezugsquellen, Seite 121). Daraus stellen wir eine Verdünnung her und spritzen sie am Morgen nach Spätfrost auf geschädigte Pflanzen.

KARFREITAG, KARSAMSTAG

Wir konnten immer wieder feststellen – schon in Versuchen vor 25 und 30 Jahren –, daß Karfreitag und Karsamstag für Aussaaten und Umpflanzung nicht geeignet sind. Die Aussaaten keimten schlecht, die umgepflanzten Gewächse kümmerten vor sich hin und gingen sogar oft ein. Die für die Pflanzen negativen Einflüsse beginnen am frühen Karfreitag und enden am Ostersonntag vor Sonnenaufgang.
Warum das so ist? Die Vorgänge, die sich vor fast 2000 Jahren auf Golgatha ereigneten, hinterlassen alljährlich ihre Spuren auf der Erde. Die Pflanzen nehmen dies durch ihre Sensibilität wahr.

Links: Kohlrabi, eine Blattpflanze

Unten: Roter Mangold, eine Blattpflanze

UNKRAUT

Unkraut kann zum großen Problem werden, besonders auch in der Landwirtschaft. Doch es gibt einige Grundgesetze, die uns, wenn wir sie beachten, die Arbeit sehr erleichtern.
Bei einem Versuch ergaben sich erstaunliche Ergebnisse hinsichtlich des Unkrautwachstums. Wir teilten ein Feld in mehrere Parzellen auf. Während der folgenden vier Wochen bearbeiteten wir jeden zweiten Tag eine neue Parzelle. Eine vorher gemachte Bodenanalyse hatte ergeben, daß keine Bodenunterschiede innerhalb des Feldes vorlagen. Wir konnten feststellen, daß die Zeit für die Bearbeitung des Saatbeetes darüber entschied, welches Unkraut keimte. So keimte in der ersten Parzelle vorwiegend ein Unkraut und nicht viele verschiedene. In der zweiten Parzelle, die zwei Tage später zur Saat vorbereitet wurde, keimte vorwiegend ein ganz anderes Unkraut.
Wir kamen also zu dem Schluß, daß dafür nicht der Boden oder die Kulturpflanze verantwortlich sein konnte, sondern der Zeitpunkt und damit die kosmischen Impulse bei der Bearbeitung. Weitere Beobachtungen folgten und zeigten uns den Weg, der die optimale Unkrautbekämpfung möglich macht.
Wenn der Mond vor das Sternbild Löwe zieht, keimen alle Unkräuter sehr gut. Daher empfehlen wir, daß eine Bodenlockerung vor der Saatbeet-Bereitung im Frühjahr während dieser Zeit stattfinden sollte. Das Unkraut keimt und wird nach 10 bis 14 Tagen eingearbeitet, danach wird die Saat eingebracht. So wirkt es sogar bodenverbessernd (siehe dazu auch Seite 35 und 36).
Steht der Mond bei der Bodenbearbeitung vor dem Sternbild Steinbock, keimt nur sehr wenig Unkraut. Daher sollte hier der letzte Bearbeitungs- und Hacktermin für Kartoffeln und Wurzelfrüchte stattfinden.
Bei Versuchen mit Unkräutern hatten wir gute Ergebnisse mit dem Spritzen einer D8-Konzentration aus Samenasche oder mit dem Ausbringen von Unkrautsamenasche. Es zeigte sich deutlich, daß nach solchen Behandlungen weniger Unkraut auf den Kulturflächen wuchs.

D8-Konzentration zur Unkrautbekämpfung

Zur Herstellung einer D8-Konzentration werden bei Mond vor Löwe viele Unkrautsamenarten auf Holz, am besten im Ofen, verbrannt. Auch ein Holzkohlengrill – wie auf der Zeichnung (Seite 72) gezeigt – kann gute Dienste leisten. Aus Backsteinen baut man einen kleinen Ofen, ein Blech dient als Abdeckung.

Herstellung einer D8-Konzentration aus verbrannten Unkrautsamen zur Bekämpfung von Unkraut

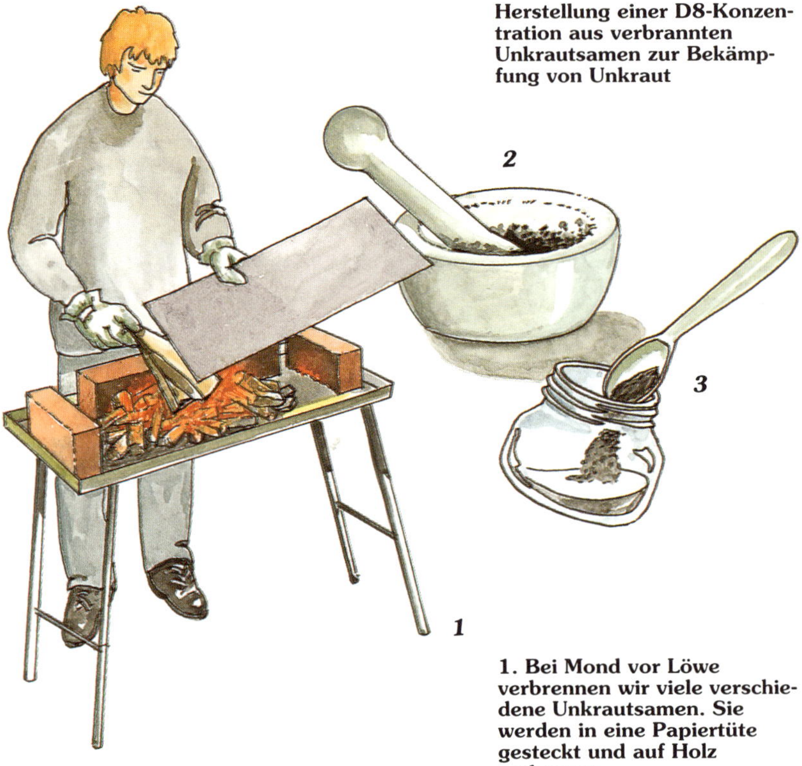

1. Bei Mond vor Löwe verbrennen wir viele verschiedene Unkrautsamen. Sie werden in eine Papiertüte gesteckt und auf Holz verbrannt.
2. Die Asche aus den verbrannten Unkrautsamen und dem Holz wird im Mörser eine Stunde verrieben (von einer Person).
3. Nun wird aus dieser dynamisierten Asche durch Verdünnung eine D8-Konzentration hergestellt (siehe Text ab Seite 71 unten).

Am besten steckt man die Samen in eine Papiertüte und legt sie in das Holzfeuer, das eine richtige Glut entwickelt haben muß. Nur bei rot glühender heißer Glut verbrennen die Samen richtig. Ein Backblech wird sofort über die Backsteine gelegt, da die Samen beim Verbrennen wie Popcorn in der Gegend herumspritzen. Sind die Samen total verbrannt und die Asche abgekühlt, wird diese in einem Mörser eine Stunde von einer Person verrieben, also dynamisiert. Bei Wurzelunkräutern muß immer auch etwas Wurzel mitverbrannt werden.

Wichtig: Die Asche muß weißgrau sein. Sind die Samen noch schwarz, sind sie

Zeitpunkt der Verbrennung und Samenasche-Ausbringung zur Unkrautbekämpfung, wenn keine homöopathischen Potenzen hergestellt werden sollen

Mond vor Tierkreissternbild	**Pflanze zum Verbrennen**
Fische	Vogelwicke *(Vicia cracca)*
Widder	Ackersenf *(Sinapsis arvensis)*, Hederich *(Raphanus raphanistrum)*, Rote Ackertaubnessel *(Lamium purpureum)*
Stier	Geißfuß (Giersch, *Aegopodium podagraria*), Kälberkropf *(Chaerophyllum hirsutum)*, Klettenlabkraut *(Galium aparine)*
Zwillinge	Flughafer *(Avena fatua)*, Gräser (Gramineen), Vogelmiere *(Stellaria media)*, Windhalm *(Apera spica-venti)*
Krebs	Hahnenfuß *(Ranunculus)* und rankende Unkräuter
Löwe	Ampfer *(Rumex)*
Jungfrau	Ackerdistel *(Cirsium arvense)*, Huflattich *(Tussilago farfara)*, Ackerschachtelhalm *(Equisetum arvense)*, Ackerwinde (*Convolvulus arvensis*)
Waage	Franzosenkraut *(Galinsoga parviflora)*, Gansedistel
Skorpion	Schwarzer Nachtschatten *(Solanum nigrum)*
Schütze	Melde *(Atriplex)*, Quecke *(Agropyron repens)*
Steinbock	(hier keimen insgesamt nur sehr wenige Unkräuter)
Wassermann	Ackerhellerkraut *(Thlaspi arvense)*, Hirtentäschel *(Capsella bursa-pastoris)*, Knöterich *(Polygonum)*

noch nicht vollständig verbrannt. Bei Verwendung dieser nicht vollständig verbrannten Samen zeigt sich keine Wirkung. Danach kann die D8-Konzentration hergestellt werden. Dazu wird 1 g der dynamisierten Aschemischung mit 9 ml Wasser in eine kleine Flasche gegeben. Das Ganze wird drei Minuten lang geschüttelt. Jetzt

Vogelmiere *(Stellaria media).*

hat man eine D1-Konzentration. Dann gibt man 90 ml Wasser dazu und schüttelt das Ganze wieder drei Minuten. Dann ist eine D2-Konzentration entstanden. Für die D3-Konzentration müssen 900 ml Wasser hinzugenommen werden. Für die D4-Konzentration weitere 9 l Wasser.

Nach jeder Wasserzugabe wird drei Minuten geschüttelt. Von der D3-Konzentration zur D4-Konzentration kann auch drei Minuten gerührt werden.

Da man auf diesem Weg bei einer D8-Konzentration bei 100.000 l Wasser ankommen würde, fängt man am besten nach der 4. Dezimalstufe wieder mit einer kleineren Menge an. Wir nehmen also 1 ml der D4 und 9 ml Wasser, schütteln drei Minuten und erhalten eine D5-Konzentration. Dann geben wir 90 ml Wasser dazu und schütteln drei Minuten. Zu der nun entstandenen D6 schütten wir 900 ml Wasser, schütteln wiederum drei Minuten zur D7. Zum Schluß geben wir 9 l Wasser zur D7 und schütteln oder rühren drei Minuten. Jetzt ist die D8-Konzentration entstanden.

Von der D8-Konzentration benötigt man etwa 0,5 l für 100 m^2 Bodenfläche. Man spritzt dreimal im Abstand von einigen Stunden.

Viele Praktiker verwenden auch die nicht dynamisierte und potenzierte Samenasche zur wirkungsvollen Unkrautbekämpfung.

Dabei ist es wichtig, daß wir die Mondrhythmen der Einzelpflanzen berücksichtigen, wenn nur ein bestimmtes Unkraut vermindert werden soll (siehe Tabelle Seite 73). Man verbrennt in diesem Fall nur Samen dieser Art. Ansonsten nimmt man die Unkrautsamenmischung und verbrennt sie bei Mond vor Löwe und streut die Asche auf die Flächen, auf denen man das Unkraut eindämmen möchte.

Nach der Empfehlung von Rudolf Steiner macht man das, wie man Pfeffer zu den Speisen streut – und zwar dann einmal, wenn der Boden für die Aussaat bearbeitet wird.

Vorbeugung

Wir konnten immer wieder beobachten, daß nicht kompostierte tierische Körpersubstanzen, wie zum Beispiel Horn, Knochen, Borsten, Federn, Wolle, Blut oder Tierkörpermehle, das Wachstum der Unkräuter fördern. Daher ist es ganz wichtig, daß diese Materialien den Weg über den Kompost nehmen, will man sie zur Düngung oder Bodenverbesserung einsetzen.

Jauche aus Unkräutern

Stellt man Jauche aus Unkräutern her, kann diese Jauche gegen eben dieses Unkraut zur Beseitigung eingesetzt werden. Wir haben gute Erfahrungen gemacht mit Jauche aus kriechenden und rankenden Unkräutern, die sowieso nicht auf den Komposthaufen gegeben werden sollten (siehe Seite 40f.).

Rezept

Wir nehmen die Ranken und Wurzelteile von zum Beispiel Distel, Giersch, Hahnenfuß, Huflattich, Minzearten und Quecke sowie die ganze Pflanze der Vogelmiere und geben sie in eine Tonne mit Wasser. An Blattagen rührt man in der Tonne kurz um. Sind die Pflanzenteile ganz

Jauche aus Unkräutern selbst herstellen

1. Die Ranken und Wurzelteile der Unkräuter geben wir in eine Tonne mit Wasser. An Blattagen rühren wir kurz um. 2. Wenn die Pflanzenteile ganz verwest sind, wird bei Mond vor Krebs mit der abgesiebten Jauche an den Stellen im Garten gespritzt, wo das Unkraut verschwinden soll. Wie und wie oft das wiederholt wird, lesen Sie im obenstehenden Text.

verwest, kann bei Mond vor Krebs mit der abgesiebten Jauche gespritzt werden. Es wird an den Stellen, an denen die Pflanzen gewachsen sind, an drei Abenden hintereinander gespritzt. Damit kann man erreichen, daß die Unkräuter dort ganz verschwinden.
Die Jauche kann auch zur Wachstumsförderung bei Kohlarten, Gurken und Tomaten eingesetzt werden – allerdings muß sie dazu vorher stark verdünnt werden (1 l auf 10 l Wasser).
Außerdem läßt sich der Kompost verbessern. Er zeigt gute Wachstumseigenschaften, wenn man Unkrautjauche zugegeben hat.
Daß man aus Unkraut auch sehr leicht einen Kompost herstellen kann, wurde schon an anderer Stelle besprochen (siehe Seite 43).

Verschiedene Unkräuter

Wir wollen nachfolgend einige wenige Unkräuter extra besprechen, da wir bei unseren Forschungen Besonderheiten feststellen konnten.

Ackerdistel

Die Ackerdistel *(Cirsium arvense)* tritt oft an Stellen auf, wo der Boden stark verdichtet ist oder wurde.
Man kann die Ackerdistel abmähen, wenn der Mond vor Schütze oder Wassermann steht. Dadurch kommt es zum starken Saftaustritt. Achtet man danach darauf, daß die Pflanze zur Zeit des aufsteigenden Mondes immer wieder abgeschnitten wird, können die Wurzeln von der Blattmasse nicht mehr ausreichend versorgt werden. Die Pflanze geht ein.

Pferdeampfer

Diese Ampferart *(Rumex autosa)* konnte sich bei uns wegen des sauren Regens stark ausbreiten. Sie läßt sich nachhaltig bekämpfen, wenn man sie mehrmals abschneidet, wenn der Mond vor Schütze oder Wassermann steht. Die Pflanze kann auch an der Vermehrung durch Samen gehindert werden. Dazu werden Samenasche oder D8-Konzentration hergestellt und verwendet, wenn Sonne und Mond vor dem Tierkreissternbild Löwe stehen.

Ackerschachtelhalm, Ackerwinde und Huflattich

Diese drei Wurzelunkräuter, Ackerschachtelhalm *(Equisetum arvense)*, Ackerwinde (Marienglas, *Convolvulus arvensis*) und Huflattich *(Tussilago farfara)*, treten auf Böden auf, die im Untergrund stehendes Wasser aufweisen. Wir werden sie dort auch kaum zum Verschwinden bringen, wenn wir nicht durch eine Drainage das Wasser ablaufen lassen. Wenn sich das Wasser auf undurchlässigen Tonschichten sammelt, sollte Kompost gegeben werden. Das bewirkt, daß sich die Anzahl der Unkräuter vermindert.

Der Ackerschachtelhalm ist ein Wurzelunkraut, das wir in unseren Gartenbeeten gar nicht gerne sehen. Allerdings kann man sich seine guten Eigenschaften beim Pflanzenschutz sehr zunutzemachen.

Der Huflattich *(Tussilago farfara)*

PFLANZENKRANKHEITEN DURCH PILZE

In der Natur hat der Pilz im allgemeinen die Aufgabe, Absterbendes abzubauen. Entdecken wir zum Beispiel im Sommer auf alten Baumstümpfen Stockschwämme oder Hallimasch, dann wissen wir, daß hier ein natürlicher Abbauprozeß begonnen hat. Champignons, die auf Pferde- oder Rindermiststellen wachsen, verändern die dort vorhandenen Substanzen.

Der Pilz gehört in die oberste Bodenschicht, dort kann er seinen Aufgaben nachgehen. Warum kommt es dazu, daß der Pilz seinen natürlichen Standort verläßt und auf die Pflanze emporsteigt? Warum läßt er sich auf Samen nieder, um hier Schaden anzurichten, so daß die Menschen den Samen mit einer giftigen Hülle (der Beize) umgeben? Liegen überall hier Sterbe-Tendenzen vor?

Rudolf Steiner teilt uns in seinem Buch „Landwirtschaftlicher Kurs“ mit, daß Pilze ihr natürliches Niveau, die Erdoberfläche, verlassen, wenn die Mondkräfte in der Erde zu stark zu wirken beginnen. Die

Wir konnten beobachten, daß in Zeiten, wenn Vollmond und Erdnähe des Mondes dicht zusammenfallen, die Pflanzen stärker von Pilzen befallen werden.

Mondkräfte wirken über das Wässrige, sie können zu stark werden, wenn es zuviel geregnet hat. Durch Ackerschachtelhalm-Tee *(Equisetum arvense)* kann man den Pilz wieder zum Bodenniveau zurückbringen. Man muß den Tee auf den Boden spritzen, auf dem die befallenen Pflanzen wachsen.

Seit vielen Jahren beobachten wir, daß die Mondkräfte im Boden in Jahren mit sehr hohen Niederschlägen zu stark werden. Außerdem ist mit starken Kräften des Mondes in den Jahren zu rechnen, wenn Vollmond und Erdnähe des Mondes dicht zusammenfallen. Dann kommt es zu verstärktem Pilzbefall an den Kulturpflanzen. Wir helfen uns hier vorbeugend mit Ackerschachtelhalm-Tee.

Aus unseren langjährigen Beobachtungen können wir drei Gründe benennen, die zu erhöhtem Pilzbefall an Pflanzen führen. Beachtet man die nachstehenden Ratschläge, dann sind Bekämpfungsmaßnahmen nach unseren Erfahrungen überflüssig.

1. Die Mondkräfte sind zu stark, zum Beispiel in Jahren mit sehr hohen Niederschlägen. Hacken am Vormittag hilft, da der Boden die Feuchtigkeit ausatmen kann.

2. Falsche Düngung, zum Beispiel durch unreife organische Dünger oder tierische Körpersubstanzen, die nicht kompostiert wurden. Die beste Vorbeugungsmaßnahme gegen Pilzbefall ist das Ausbringen reifer Komposte im Herbst.

Der Ackerschachtelhalm, *Equisetum arvense*, ist in der Lage, Pilze, die an der Pflanze emporgekrochen sind, zum Bodenniveau zurückzubringen.

3. Aus Saatgut, das während ungünstiger kosmischer Impulse geerntet wurde, wachsen im nächsten Jahr Pflanzen, die anfällig für Pilzbefall sind.

Der Ackerschachtelhalm

Der Ackerschachtelhalm *(Equisetum arvense)* ist in der Lage, den Pilz, der mit der Pflanze emporgewachsen ist, zum Bodenniveau, also seinem natürlichen

Wohnort, zurückzubringen. Warum kann er das?

Betrachten wir uns zunächst den Sumpfschachtelhalm. Zuerst wächst die grüne Pflanze, die später an der Spitze dunkle Hütchen trägt. Hier wachsen die Sporen, über die sich der Sumpfschachtelhalm vermehrt – auch Pilze vermehren sich auf ähnliche Art und Weise.

Der Ackerschachtelhalm schiebt im zeitigen Frühjahr einen kleinen Stengel mit bräunlichen Hütchen ans Tageslicht. Von hier aus gelangen die Sporen in die Welt, um die Pflanze zu vermehren. Erst später im Jahr wächst die grüne Pflanze ohne Hütchen, aber mit einem hohen Kieselanteil. Sie hat die Pilzstufe überwunden. Daher ist der Ackerschachtelhalm in der Lage, den Pilz zu seinem Niveau zurückzubringen.

Rezept zur Bekämpfung von Pilzerkrankungen

Wir geben 10 g getrockneten Ackerschachtelhalm in 2 l kaltes Wasser und bringen das Ganze zum Kochen. Es muß insgesamt 20 Minuten kochen, danach läßt man den Tee abkühlen. Nun gibt man 8 l Wasser zu und rührt zehn Minuten gut

Bekämpfung von Pilzerkrankungen

Wir stellen nach der obenstehenden Anweisung einen Tee aus Ackerschachtelhalm her. Der Tee wird zehn Minuten gut umgerührt. Wir sieben den Tee ab und spritzen ihn abends unter die befallenen Pflanzen.

um. Der abgesiebte Tee wird abends unter die befallenen Pflanzen (oder auch vorbeugend) auf den Boden gespritzt (10 l auf 100 m^2). Zeigen Bäume Pilzbefall, müssen auch Stamm und dicke Äste bespritzt werden.

In hartnäckigen Fällen kann die Behandlung an drei aufeinanderfolgenden Abenden wiederholt werden.

Die Krankheit Kohlhernie (an den Wurzeln) gehört zu den gefürchtetsten Krankheiten an unseren Kohlgewächsen.

Pilzkrankheiten an verschiedenen Pflanzen

Im folgenden wollen wir einige Beobachtungen und Ratschläge geben, wenn spezielle Gemüse- oder Obstpflanzen von Pilzen befallen werden.

Kartoffeln

Kartoffeln dürfen nicht an Blattagen gehackt und gehäufelt werden. Dasselbe gilt für Tage, an denen der Mond in Erdnähe ist. Nach diesen Behandlungen tritt oft die gefürchtete Pilzkrankheit Kraut- und Knollenfäule auf.

Kohl

Die gefürchtetste Pilzerkrankung bei den Kohlgewächsen ist die Kohlhernie, die durch den Pilz *Plasmodiosphora brassicae* hervorgerufen wird. Das oberste Gebot ist, daß eine weitgestellte Fruchtfolge (alle fünf Jahre) eingehalten wird (siehe Seite 61). Auch andere Kreuzblütler wie Raps, Hirtentäschel oder die Gründüngungspflanze Senf erkranken. Das muß bei der Fruchtfolge bedacht werden. Achten Sie auch darauf, daß der Kalkgehalt des Bodens stimmt. Ist der pH-Wert zu niedrig, wird die Ausbreitung der Krankheit begünstigt.

Erdbeere

Die Gartenerdbeere braucht unsere besondere Aufmerksamkeit. Sie wächst in der Nähe des Pilzniveaus, dicht über der Erdoberfläche. Außerdem muß die Pflanze mit meist hohen Düngergaben zurechtkommen, die eine starke wässrige Tendenz in der Pflanze auslösen, die von Natur aus aber Gestein und Wärme liebt (die Walderdbeere wächst – vollkommen gesund –

Erdbeeren bedürfen unserer besonderen Aufmerksamkeit.

auf Steinhalden). Hohe Düngergaben begünstigen den Pilzbefall.
Was können wir für unseren Gartenliebling tun?
Zunächst darf nur reifer Kompost gegeben werden. Außerdem sollte nur an Fruchttagen gepflanzt und gehackt werden. Größte Bedeutung hat auch der Erntezeitpunkt. Hier empfehlen wir Blüten- oder Fruchttage. Gepflückt wird erst, wenn die Pflanzen nicht mehr vom Tau naß sind. Lesen Sie auch die Hinweise auf Seite 114ff.

Obstbäume

Bei der Auswahl, Pflanzung und Pflege von Obstbäumen muß man sich nur einmal vor Augen führen, was unsere Großeltern taten, um einige gute Ratschläge für die richtige Behandlung zu erhalten.
Heute werden überall nur noch die niedrigstämmigen Obstbäume angeboten und angepriesen. Die Baumkrone wurde bis weit nach unten an die Erdoberfläche herabgeholt, also in die Nähe der Pilzzone. Hochstämme oder höherstämmige Bäume sind aber oft gesünder als die niedrigen.
Früher wurde der Stamm gut gepflegt. So kann im „Technologischen Jugendfreund von 1820“ nachgelesen werden, daß man einen dünnen Brei herstellte, der aus Rindermist, Lehm, Holzasche und Rinderhaar bestand und mit Molke angerührt wurde. Damit bestrich man die Stämme der Obstbäume. (Rinderhaar fiel übrigens beim täglichen zweimaligen Bürsten der Rinder an. Damals war es undenkbar, die Kühe mit soviel eigenem Mist herumlaufen zu lassen wie es heute üblich ist.)
Heutzutage gibt man überall im Bereich der Kronentraufe (Bereich unter den Astspitzen der Bäume) oder sogar auf die Baumscheibe nicht kompostierte Dünger, an denen Pilze zum Abbau noch tätig werden müssen. Dadurch kann der Pilz seinem Niveau, der Bodenoberfläche, ent-

wachsen und Holz, Blätter und Früchte befallen.
Die Jungpflanzen sollen unter günstigen kosmischen Impulsen herangezogen und gepflegt werden.
Wenn die vorher beschriebenen Mittel zur vorbeugenden Pilzbekämpfung nicht ausreichen, gibt es noch die Möglichkeit, eine Jauche aus den befallenen Blättern herzustellen und zu spritzen.

Rezept zur Bekämpfung von Pilzbefall an Obstbäumen

Einige pilzbefallene Blätter (eine Handvoll auf einen 10-Liter-Eimer Wasser) werden gepflückt und in ein Tongefäß mit Wasser gesteckt. Hier müssen die Blätter völlig verwesen. Dann wird abgeseiht. Wenn der Mond vor Krebs steht, wird das Ganze mit feiner Düse (Spritze) auf die Stämme und in die Krone gespritzt. Auch der Boden unter den Bäumen ist zu behandeln. Man wiederholt die ganze Prozedur noch zweimal nach je vier Wochen.
Bei Schorf und Monilia gibt es noch eine weitere empfehlenswerte Möglichkeit, die Obstbäume davon zu befreien. Befallene Früchte (eine Handvoll), die unter dem Baum liegen und aus denen die Samen entfernt wurden (wichtig!), werden auf Holzfeuer verbrannt, wenn der Mond vor Skorpion steht. Aus der Asche wird eine D8-Konzentration hergestellt. Die genaue Anleitung dafür finden Sie auf der Seit 91f. Damit spritzen wir an drei aufeinanderfolgenden Tagen den Stamm, die Krone und den Boden. Das Ganze wiederholt man nach vier Wochen.

TIERISCHE SCHÄDLINGE

Wir bezeichnen Tiere, die uns zum Beispiel unsere Gemüse- und Obsternte streitig machen, als Schädlinge. Es sei vorausgeschickt, daß das unsere ganz subjektive Ansicht ist. Mäuse zählen beispielsweise zu den Schädlingen, da sie das Getreide genausogerne essen wie wir. Die Katze jedoch sieht die Maus ganz anders. Sie „liebt" das kleine Tier so sehr, daß sie es nach ausgiebigem Spiel schließlich sogar auffrißt.

Blattläuse zum Beispiel sehen wir mit großem Unbehagen an unseren Kulturpflanzen, während Ameisen sich diese Tiere wie Milchkühe halten, sie hegen, pflegen und gegen Feinde verteidigen, um sich an den süßen Aussonderungen zu laben.

Oft hilft es bei Insektenbefall, Brennesseltee oder stark verdünnte Brennesseljauche (siehe Seite 45ff.) abends unter die befallenen Pflanzen zu gießen. Die Brennessel bringt die Säfte wieder normal zum Strömen, dadurch verschwinden die Schädlinge. Wir konnten beobachten, daß ein warmer Regen die gleiche Wirkung hat.

Neben den kosmischen Rhythmen ist natürlich auch das Nahrungsangebot für die Vermehrung der Tiere ausschlaggebend. Bussarde zum Beispiel legen in Jahren, wenn im Sommer eine Mäuseplage herrscht, mehr Eier als in anderen Jahren. Wildschweine bekommen in Jahren, wenn die Eichenbäume eine große Anzahl an Eicheln entwickeln, mehr Nachwuchs.

Auf der anderen Seite können wir in der Natur beobachten, daß sich die Tiere nach einer zu starken und dadurch artbedrohenden Vermehrung selbst töten. Die Lemminge etwa ziehen in manchen Jahren zu Tausenden zum Meer, um sich dort zu ertränken.

Die Hausmaus ist für uns ein Schädling. Nicht so für die Katze. Sie hat das kleine Tier zum Fressen gern.

Wenn man über die Frage der Schädlingsbekämpfung nachdenkt, sollte man immer daran denken, daß erst eine große Anzahl an Tieren sie zu Schädlingen werden läßt. In einem optimal betreuten Garten wird diese Übervermehrung kaum passieren. Daher ist das oberste Gebot: Kommt es dazu, daß sich Tiere zu stark vermehren, müssen die Fehler gesucht werden, die das verursacht haben. Man sollte sich mit den Lebensgewohnheiten der Tiere vertraut machen. Hier kann man oft schon regulierend eingreifen, so daß es zu keinen gravierenden Pflanzenschädigungen mehr kommt. In der folgenden Aufzählung der Pflanzenarten haben wir diese Aspekte berücksichtigt.

Kohlweißlingsraupen können großen Schaden an unseren Kohlpflanzen anrichten.

Schädlinge an Kohl und Möhre

Bei den Kohlpflanzen haben wir vorwiegend mit drei Schädlingen zu kämpfen, dem Kohlweißling, dem Kohlgallenrüßler und der Kohlfliege. Bei der Möhre ist es besonders die Möhrenfliege.

Kohlweißling

Kohlweißlinge kennt jeder Gärtner. Die hübschen Falter sehen wir im Sommer im Garten herumflattern. Wir verwenden Wermuttee oder einen 24-Stunden-Auszug von Brennessel, wenn sie zu Schädlingen werden.
Pflanzt man einige Tomaten zwischen den Kohl, verzieht sich der Kohlweißling. Oder man legt die herausgebrochenen Geiztriebe der Tomaten zwischen die Kohlpflanzen.
Von der Brennessel stellen wir einen 24-Stunden-Auszug her, wie es auf Seite 45f. beschrieben wird. Der abgeseihte Auszug wird am gleichen Tag unverdünnt innerhalb weniger Stunden dreimal fein verdüst auf die Pflanzen gespritzt.

Kohlgallenrüßler

Den Kohlgallenrüßler kann man ganz einfach vertreiben. Im Mai sucht er solche Kohlsaatbeete zur Eiablage auf, auf denen die einzelnen Pflanzen nicht genügend Standraum haben. Andere Beete meidet er. Zusätzlich kann man in den Mai-Tagen, wenn Sonne und Mond vor Stier stehen,

die vorhandenen Saatbeete mit einem Gemüsefliegennetz aus dem Gartenfachhandel abdecken, dann besucht der Kohlgallenrüßler den Nachbarn.

Kohlfliege

Die Kohlfliege taucht im April und Mai in unseren Gärten auf, wenn Sonne und Mond vor Widder stehen, und sucht nach geeigneten Eiablageplätze. Die schlüpfenden Maden fressen die Rinde des Wurzelhalses und die Wurzeln ab.

Die jungen Frühkohlpflanzen dürfen nicht tiefer in die Erde gesetzt werden, als sie vorher im Saatbeet gestanden haben. Auch darf keine Erde um die Pflanze angehäufelt werden. Beides begünstigt den Befall mit Kohlfliege.

Bei einem Befall gießt man einen Teelöffel erkalteten Wermuttee (wie er in der Küche zubereitet wird) unverdünnt direkt an den Wurzelhals – und zwar dreimal im Abstand von einigen Stunden.

Möhrenfliege

Wenn wir die Möhre nach ihren Bedürfnissen anbauen und pflegen, kann man fast sicher sein, daß die Möhrenfliege die Pflanzen verschont. Möhren lieben gut

Oben: Kohlgallenrüßler-Larve in Galle am Kohlstengel

Links: Aus Wermut kann man einen Tee herstellen, der, direkt an den Wurzelhals gegossen, gegen die Made der Kohlfliege hilft.

Rechts: Wir müssen die Möhrenfliege nicht fürchten, wenn wir Möhren ihren Bedürfnissen entsprechend anbauen.

Unten rechts: Wenn der Wurzelhals der Möhre nicht mit Erde bedeckt ist, dann verfärbt er sich grün. Die Möhre wird bitter, was besonders die Erdeule ideal für ihre Kinderstube findet.

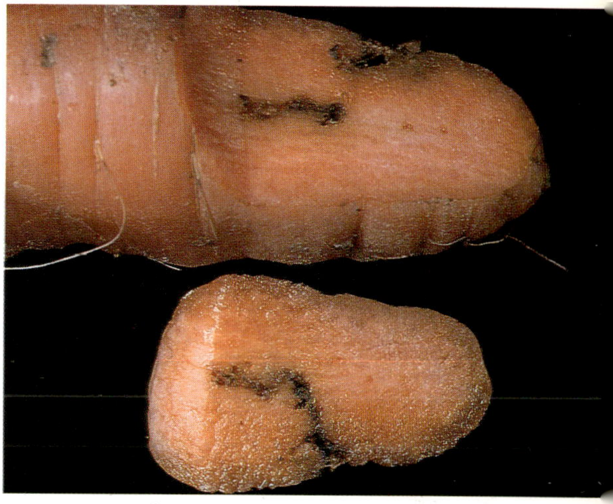

ausgereifte Böden, die zwei Jahre nicht gedüngt wurden. Hier kann die Pflanze das Eiweiß zum Ausreifen bringen und hohe Zuckergehalte bilden. Durch späte Düngergaben verschlechtert sich der Möhrengeschmack zwar für unser Empfinden, nicht aber für das der Möhrenfliege. Im Gegenteil: sie findet die Möhren nun genau richtig für ihre Kinderstube. Daher sucht sie diese Möhrenbestände aus, um an den Wurzeln die Eier abzulegen. Noch lieber mag sie Böden, denen Torf beigegeben wurde, da es ihr dann besonders leicht fällt, zur Eiablage zu den Wurzeln zu gelangen.

Die Erdeule

Die Erdeule zu vertreiben, ist kein Problem. Sie liebt Möhren, deren Wurzelhals offen liegt. Er verfärbt sich grün, die Blattaromen werden aufgenommen. Uns schmecken diese „grünen" Möhren bitter, doch die Raupe der Erdeule scheint das zu lieben. Wenn wir dafür sorgen, daß der Wurzelhals immer mit Erde bedeckt ist, wird der Schaden viel geringer sein.

Die Schnecke

Die Schnecke ist an manchen Orten zur regelrechten Plage geworden. Gar mancher liegt schon früh morgens mit Messern bewaffnet auf der Lauer, um den verhaßten Nahrungskonkurrenten zu töten. Manche fangen die Tiere auch, um sie mit brühendem Wasser zu übergießen. Das sind Methoden, zu denen man in großem Ärger greift, die aber nicht zu tolerieren sind. Sie sind überdies nicht einmal sinnvoll, denn sie ziehen die Schnecken aus der Umgebung an, da diese mithelfen wollen, die Friedhofsatmosphäre zu beseitigen. Und es dauert oft viele Jahre, um die alte Harmonie mit nur wenigen Schnecken wiederherzustellen.

Wir sollten uns mit den Lebensgewohnheiten der Schnecken beschäftigen, dann werden wir viele Möglichkeiten zu ihrer Regulierung finden. Zumal niemand daran interessiert sein sollte, die Schnecken völlig zu vertreiben. Sie erfüllen wichtige Aufgaben im Naturhaushalt. Und nicht zuletzt wissen die meisten Landbesitzer, wie außerordentlich fruchtbar Schneckenschleim ist.

Doch betrachten wir einmal, wo und weshalb Schnecken verstärkt auftreten. Zum Beispiel lieben es Schnecken, wenn zu „Unzeiten" künstlich bewässert wird. Für ihre Entwicklung ist eine Bodenbedeckung sehr nützlich. Unter feuchtem Mulch finden sie ideale Fortpflanzungsbedingungen und nehmen diese auch in verstärktem Maße wahr. Außerdem konnten wir fest-

Oben links: Schnecken sind Zwitter. Hier begatten sich zwei Tiere gegenseitig und tauschen den Samen aus.

Links: Nacktschnecke bei der Eiablage

stellen, daß zuviel Algenkalk und nicht vorkompostierte Tierkörpersubstanzen (Wolle, Knochen, usw.) zu einer starken Schnecken-Vermehrung beitragen.

Daher ist dringend anzuraten, nur reife, vererdete Komposte auf den Beeten zu benutzen. Außerdem muß man Licht und Luft an und in die Böden lassen. Mulch sollte man nur in Trockenzeiten verwenden. Er muß sofort entfernt werden, wenn es wieder ausreichend geregnet hat. Wir bewässern, wie schon erwähnt, nur einmal bei der Umpflanzung. Ansonsten überlassen wir es dem Himmel, für das nötige Wasser zu sorgen. Nur in Trockenzeiten versuchen wir, die Pflanzen mit geeigneten Mitteln zu unterstützen (siehe Seite 66ff.).

Da die Schnecken für Igel, Kröten, Blindschleichen, Salamander, Hühner, Enten und auch andere Vogelarten Leckerbissen sind, sollte versucht werden, diese Tiere im eigenen Garten anzusiedeln. Man wird dann schnell merken, daß es nicht mehr zur gefürchteten Übervermehrung kommt.

Durch die Anwendung von Hornkieselpräparat wird die Schneckenplage eingedämmt.

Wir haben festgestellt, daß es dann zu einer starken Vermehrung der Schnecken kommt, wenn der Planet Mars vor Sternbilder zieht, deren Kräfte durch das Element Wasser (Fische, Krebs und Skorpion) vermittelt werden.

Igel unterstützen uns sehr bei der Schneckenbekämpfung. Schnecken sind ihr Leibgericht.

Schneckenjauche

Helfen alle vorgenannten Maßnahmen nicht aus, kann man direkt mit Schneckenjauche gegen eine auftretende Schneckenplage vorgehen. Sie wird folgendermaßen hergestellt:

Wir sammeln 50 bis 60 Schnecken und geben sie bei Mond vor Krebs in einen mit einem Deckel verschließbaren Eimer, den wir anschließend mit Wasser auffüllen. Nun warten wir, bis der Mond wieder vor Krebs steht. Dann sind die Schnecken verwest. Nun spritzen wir die fein abge-

seihte Jauche, fein verdüst, auf den Gartenboden. Zu den angrenzenden Grasflächen hin ist besonders dicht zu spritzen. Danach kann wieder neue Schneckenjauche angesetzt werden, die dann gleich wieder auf derselben Fläche eingesetzt wird. Die Behandlung wird insgesamt dreimal im Abstand von vier Wochen wiederholt.
Diese Art der Bekämpfung ist wesentlich humaner, als Schnecken mit Salz zu überstreuen, sie zu kochen oder durchzuschneiden, weil nur diese 50 bis 60 Schnecken vernichtet werden.

Schneckenjauche selbst herstellen.

Oben: Man gibt bei Mond vor Krebs 50 bis 60 Schnecken in einen mit Deckel fest verschließbaren Eimer mit Wasser. Den Eimer füllen wir bis zum oberen Rand mit Wasser auf. Dann wird mit dem Deckel fest verschlossen, so daß kein Luftraum im Eimer bleibt.
Unten: Wenn der Mond vor Krebs zieht, spritzen wir die Jauche – fein verdüst – auf die Beete (siehe Text ab Seite 89 rechte Spalte).

Methoden der Schadensregulierung

Wenn trotz aller vorher beschriebener Maßnahmen doch noch Schädlingsprobleme auftreten, gibt es eine weitere Möglichkeit, darauf einzuwirken. Wir müssen uns dazu allerdings zwischen die Tiere und ihr übergeordnetes Übersinnliches stellen. Durch das Verbrennen einer geringen Anzahl von Schädlingen und das Ausbringen der Asche bei der richtigen Sternenkonstellation wenden wir uns an diese „unsichtbare Hand" mit der Bitte, die Vermehrung der Tiere auf ein erträgliches Maß zu reduzieren. Wir können uns diesen Vorgang so vorstellen wie bei den Lemmingen, die sich, von unsichtbarer Hand geführt, wegen ihrer zu starken Vermehrung selbst töten.

Sehr wichtig ist, daß wir diese Veraschungen nicht im Zorn verrichten, denn dann ist die Arbeit umsonst. Wir müssen versuchen, uns in die großen Gesetze des Daseins hineinzustellen, dann wird die Natur unserer Bitte entsprechen.

Im folgenden wollen wir die homöopathische Methode vorstellen, die sich in der Praxis bewährt hat. Unsere Anleitung muß allerdings genau befolgt werden.

Anleitung

Zuerst müssen 50 bis 60 Schädlinge besorgt werden. Am besten steckt man sie in einen Eierkarton. Dieser wird dann auf Holzfeuer verbrannt. Das Verbrennen und Ausspritzen muß bei der richtigen Konstellation geschehen (siehe Tabelle S. 94). Die Asche des Holzes und der Schädlinge wird nun in einem Mörser eine Stunde lang verrieben (von einer Person), also dynamisiert. Danach muß aus der dynamisierten Asche eine D8-Konzentration hergestellt werden. Wir nehmen 1 g der Aschemischung, geben sie mit 9 ml Wasser in eine verschließbare Flasche und schütteln das Ganze drei Minuten. Danach haben wir eine D1-Konzentration hergestellt. Nun müssen wir 90 ml Wasser dazugeben und drei Minuten schütteln, danach ist eine D2-Konzentration entstanden. Für die D3-Konzentration sind weitere 900 ml Wasser nötig. Und so verfahren wir weiter, bis die D8 fertiggestellt ist. Ab der 4. Dezimalpotenz beginnen wir wieder mit einer kleinen Menge, da wir sonst 100.000 Liter zur D8 zu schütteln oder rühren hätten. (Siehe dazu auch Seite 71ff., dort wird der gesamte Herstellungsweg beschrieben.)

Eine gute Wirkung hat sich gezeigt, wenn wir an drei aufeinanderfolgenden Abenden, fein verdüst, gespritzt haben (bei Pflanzenschädlingen auf die Pflanze und bei Bodenschädlingen auf den Boden spritzen). Dadurch konnte bei verschiedenen Schädlingen ein deutlicher Rückgang ihrer Vermehrung festgestellt werden.

Man kann – wenn nötig – auch nach etwa vier Wochen bei gleichem Mondstand (siehe Tabelle S. 94) von der D4-Konzentration der ersten Herstellung nehmen (sie ist etwa zwei Jahre haltbar), sie – wie oben

beschrieben – zur D8-Konzentration führen und dreimal hintereinander, fein verdüst, spritzen.

Um die Übervermehrung der Schnecken zu mindern, müssen drei Spritzungen an drei aufeinanderfolgenden Abenden überall im Garten auf den Boden ausgeführt werden.

Bei Mäusen, Ratten und anderem „Knabbergetier", auch bei Vögeln, finden Sie die Verbrennungszeiten jährlich in unserer Schrift „Aussaattage". In diesem Fall werden Felle oder Gefieder einzelner Tiere verbrannt.

Zum Schluß möchten wir noch einmal deutlich betonen, daß zum Verbrennen nur die Tiere geeignet sind, die in Hof und Gar-

Herstellung einer D8-Konzentration aus verbrannten Schädlingen zur Bekämpfung von Schädlingen

1. Man steckt 50 bis 60 Schädlinge der Art, die bekämpft werden soll, in einem Eierkarton. Dann verbrennt man sie auf Holzfeuer.
2. Die Asche aus den verbrannten Schädlingen und dem Holz wird im Mörser eine Stunde verrieben (von einer Person).
3. Nun wird aus dieser dynamisierten Asche durch Verdünnung eine D8-Konzentration hergestellt (siehe Texte ab S. 91 oben und ab Seite 71 unten).

Blattläuse gehören zu den bekanntesten Schädlingen an unseren Pflanzen.

Kartoffelkäfer

Wann Schädlinge verbrannt und wann Schädlingsasche oder die D8-Konzentration hergestellt und gespritzt werden sollten

Schädling	Zeitpunkt
Tagfalter wie Kohlweißling, Fliegen- und Mückenarten, Weiße Fliege	Sonne und Mond vor Zwilling, auch Venus und Mond vor Zwilling
Nachtfalter und Mottenarten	Sonne und Mond vor Widder, auch Merkur vor Widder
Kartoffelkäfer, Varroamilbe (Bienenschädling), Kohlgallenrüßler, alle schädlichen Käfer	Sonne und Mond vor Stier
Erdeule, Werre (Erdgrille)	Sonne vor Stier und Mond vor Skorpion
Schildläuse und Schnecken	Mond vor Krebs, auch Mond und Mars vor Krebs
Läuse	Mond vor Zwilling, auch Venus vor Zwilling
Blütenstecher	Mond und Venus vor Zwilling
Milben, Spinnmilbe, Rote Spinne	Venus oder Mond vor Wassermann

ten auch wirklich Schaden anrichten. Die bei wissenschaftlichen Versuchen extra im Labor gezüchteten Tiere bringen nicht die gleichen Ergebnisse, wie uns von erfahrenen Wissenschaftlern mitgeteilt wurde.

WURZELPFLANZEN

Zu den Wurzelpflanzen zählen alle die Pflanzen, die im Wurzelbereich ihre Frucht entwickeln. Sie werden an Wurzeltagen gesät, gehackt, gepflegt, geerntet und konserviert (siehe Zeichnung auf der hinteren Klappe des Umschlages). Ausnahmen von diesen Regeln finden Sie in den nachfolgenden Beschreibungen der Einzelpflanzen.

Zu den Wurzelpflanzen gehören:

Kartoffeln	Möhre
Knoblauch	Pastinake
Radieschen	Sellerie
Rettich	Steckrübe
Rote Bete	Wurzelpetersilie
Schwarzwurzel	Zwiebel

Auch Kartoffeln sind bei den Wurzelpflanzen einzuordnen, obwohl sie keine echten

Links: Die Pastinake zählt zu den Wurzelpflanzen.

Unten: Knollensellerie, eine Wurzelpflanze

Links: Möhren, die an Wurzeltagen gesät und gepflegt werden, gedeihen optimal im Hinblick auf Form, Ertrag, Geschmack und Qualität.

Links unten: Möhren, die an Blattagen gesät werden, neigen zur Wurzelverzweigung. Bei der Verarbeitung sind sie der Schrecken der Hausfrau.

Wurzelfrüchte sind, aber sie reagieren eindeutig positiv in Wachstum und Ertrag auf Wurzeltage. Außerdem reagieren Zwiebel und Knoblauch, die eigentlich zu den Blattpflanzen gehören, positiv auf Wurzeltage. Im folgenden geben wir Tips für die besondere Behandlung von einzelnen Pflanzenarten.

Möhre

Dieses Gemüse darf nicht zu früh geerntet werden, da die Möhren dann noch unreifes Eiweiß enthalten und gute Zucker erst relativ spät gebildet werden. Wir konnten deutliche Qualitätsverbesserungen feststellen, wenn drei bis vier Wochen vor der Ernte bei Mond vor den Tierkreissternbildern Widder und Waage mit dem Hornkieselpräparat am Nachmittag gespritzt wurde.
An Blattagen geerntete Möhren faulen im Lager sehr leicht, daher ist dieser Zeitpunkt für die Ernte in jedem Fall zu vermeiden.

Rote Bete

Für dieses Gemüse gilt das, was bei der Möhre (siehe Text oben) bereits gesagt wurde.
Rote Bete können neben den Wurzeltagen auch an Blattagen gesät werden. Wir konnten keine negativen Auswirkungen auf den Ertrag beobachten. An Blattagen gesät, haben die Pflanzen wegen einer

raschen Jugendentwicklung einen gewissen Vorteil gegenüber dem Unkraut, da sie diesem davonwachsen können. Allerdings sind für das Hacken, die Anwendung des Kieselpräparates und die Ernte Wurzeltage zu wählen. An Wurzeltagen gehackte Pflanzen zeigten einen deutlich höheren Nitratwert im Blatt; da die Blätter aber kompostiert werden, ist das in diesem Fall sogar positiv zu bewerten.
Will man einen hohen Trockensubstanzanteil in der Roten Bete haben, sind Blatttage für die Pflanzen zu meiden. Soll Saft aus dem Gemüse hergestellt werden, dann empfehlen wir, die Aussaat an Wurzeltagen und die Pflege an Blattagen durchzuführen.

Radieschen

Radieschen, die zur Saatgutgewinnung angepflanzt werden, sollten bei Mondstand vor dem Tierkreissternbild Widder gesät werden. Das wirkt sich positiv auf die Qualität des Samens und damit der nächstjährigen Frucht aus.

Sellerie

Sellerie sät man (im März) während die Sonne vor Fische ist und außerdem an Wurzeltagen.
Wenn die Sonne noch vor dem Wassermann steht, sollte keine Aussaat vorgenommen werden, da die hier gesäten Pflanzen später eher zum Schossen neigen.

Radieschen: Manche Planetenkonstellationen überdecken die Mond-Tierkreis-Impulse und machen eigene Prägungen. Durch stündliche Aussaaten konnten wir die zeitlichen Abgrenzungen herausarbeiten.

Die beste Aussaatzeit für Sellerie ist während die Sonne vor der Region Fische steht und dann an Wurzeltagen.

Zwiebel

Zwiebeln, die an Blattagen gesät und gehackt wurden, bringen etwa die gleichen Erträge, wie die von Aussaat und Hackarbeiten an Wurzeltagen. Die anschließenden Lagerversuche, in die wir auch die Blütentage mit einbezogen, zeigten jedoch große Unterschiede. Die Früchte von den Blattagen faulen schon im Vorwinter. Die von Blüten- und Fruchttagen beginnen etwa um Weihnachten zu schossen. Nur die Zwiebeln von Wurzeltagen, die während der Pflanzzeit geerntet wurden, halten sich lange, sogar bis zum August des nächsten Jahres. Sie treiben erst Blätter, wenn die Sonne vor der Region Löwe steht.

Zusätzlich fördert die Lagerung in Heu oder Stroh die Haltbarkeit der Zwiebeln. Zwiebeln sollten besser mit Pflanzenkompost als mit Mistkompost gedüngt werden. Wir konnten feststellen, daß die Pflanzen gesünder bleiben. Mistkompost zieht die Zwiebelfliege an, das bringt Madenbefall.

Knoblauch

Wurzeltage sind für das Stecken der Zehen deutlich zu bevorzugen. Der Herbst-Anbau ist besser geeignet als der Anbau im Frühjahr. Es sind dazu die Oktobertage geeignet, wenn die Sonne vor der Jungfrau steht.

Alle Pflegearbeiten sollten möglichst an Wurzeltagen durchgeführt werden, das bringt die besten Erträge und die längste Haltbarkeit.

Links oben: Zwiebeln – unentbehrlich für unsere Küche

Oben: Knoblauch – eine Wurzelpflanze

Links unten: Kartoffeln werden an Wurzeltagen geerntet.

Kartoffel

Kartoffeln wachsen am gesündesten und besten, wenn die Flächen im Herbst mit reifem Kompost gedüngt worden sind. Alle triebigen Dünger mit hohem Stickstoffanteil sollte man bei diesen Pflanzen meiden.
Die besten Ergebnisse bekamen wir, wenn die Kartoffel an Wurzeltagen gepflanzt,

dreimal gehackt und dreimal mit dem Kieselpräparat gespritzt wurde. Kommt es zu übermäßigem Krautwuchs, darf der nicht abgemäht werden. Wir spritzen in diesem Fall besser mit dem Kieselpräparat einmal nachmittags an Fruchttagen. Kartoffeln angebaut werden, pflanzt man bei Mond vor Widder. Nach der Ernte überpudert man sie im Lager mit etwas Holzasche, das ist der Gesundheit sehr zuträglich.
Zur Pflanzgutgewinnung kann man auch von der Kartoffel nur die mittleren Augen

Von Kartoffeln können wir auch nur die mittleren Augen von den Knollen ausschneiden und zur Pflanzgutgewinnung einsetzen.

sind reif und werden dann auch erst geerntet, wenn das Kraut abgestorben ist!
Für die Ernte sind Wurzeltage während der Pflanzzeit zu wählen, diese Knollen schrumpfen dann nicht. Blattage während der Pflanzzeit zur Ernte müssen vermieden werden, da die Früchte dann im Lager leicht faulen.
Kartoffeln, die für die Pflanzgutgewinnung von der Knolle ausschneiden und an Tagen pflanzen, an denen Sonne und Mond vor Widder stehen. Die Augen werden ausgeschnitten (wie beim Kartoffelschälen) und mit 10 cm Abstand gepflanzt. Größer dürfen die Abstände nicht sein, da sich die Knollen dann als Pflanzgut nicht eignen, weil sie zu groß werden.

BLATTPFLANZEN

Zu den Blattpflanzen zählen alle Pflanzen, die im Bereich des Blattes ihre Fruchtung haben. Dies sind:

Blattpetersilie
Chicorée
Gemüsefenchel
die meisten Kohlarten
Kohlrabi und Blumenkohl, nicht aber
Brokkoli
Mangold
alle Salate, auch Endivien und Feldsalat
Spargel
Spinat
der Rasen

Brokkoli zeigte in vielen Versuchen, daß die Blütentage für ihn die optimale Konstellation sind (siehe Seite 110).

Blattpflanzen werden in der Regel an Blattagen gesät, gepflanzt, gehackt und gepflegt (siehe Zeichnung auf der hinteren Klappe des Umschlages).

Es ist wichtig zu wissen, daß sich Blattage überhaupt nicht zur Ernte von Lagerfrüchten eignen, auch wenn es sich um Blattpflanzen handelt. Alternativ sind Blü-

Der Wirsing gehört zu den Kohlgewächsen.

ten- oder Fruchttage zu benutzen, bei den Kohlarten die Blütentage.
Einige Pflanzen wie Zwiebel, Futterrübe und Rote Bete können an Wurzel- und Blattagen gesät werden. Sie bringen zu beiden Zeiten ähnliche Erträge. Rote Bete, die an Blattagen gesät werden, genießen den Vorteil, daß sie dem Unkraut davonwachsen können. Die an Blattagen ausgesäten Zwiebeln haben jedoch den Nachteil, daß ihre Lagerfähigkeit äußerst schlecht ist. Sie faulen.
Im folgenden finden Sie Ratschläge zu den einzelnen Gemüsearten, die teilweise von den vorher allgemein geltenden Grundsätzen abweichen.

Kohlarten

Für alle Kohlarten gilt, daß das letzte Hacken, die letzte Kieselspritzung und die Ernte von Lagergemüse an Blütentagen vorgenommen werden sollten.

Kopfkohl

Soll Sauerkraut hergestellt werden, sind für die Ernte Blütentage zu wählen. Für Aussaat, Hacken und andere Pflegearbeiten empfehlen wir Blattage.

Kohlrabi

Die Aussaat und Pflege an Blattagen bringt die höchsten Erträge und flachrunde Früchte. Wurzeltage sind für diese Arbeiten zu vermeiden, da unförmige Früchte und zum Teil Verschorfung entstehen. Der Geschmack ist außerdem streng.
Wenn man die Früchte längere Zeit im kühlen Lager aufheben will, sollten zur Ernte Blütentage gewählt werden.

Blumenkohl

Viele Versuche haben gezeigt, daß für den Blumenkohl die Blattage die optimale Konstellation sind. Pflanzen von Blüten- und Fruchttagen kann man gar nicht lange genug stehenlassen, da sie in Blüte schießen, bevor sie erntereif sind. Außerdem ist der Ertrag niedriger, der Ge-

Bei Aussaaten an Wurzeltagen und Tagen der Erdnähe des Mondes faulen die Knospen des Blumenkohls leicht.

schmack allerdings etwas nussiger. Bei Pflanzen, die an Wurzeltagen ausgesät wurden, fault die Blume schnell, so daß oft nur wenig für den Tisch übrigbleibt.
Soll Blumenkohl länger im kühlen Lager aufgehoben werden, dann sind Blütentage für die Ernte zu wählen.

Kopfsalat

Für die Aussaat und Pflegearbeiten sind Blattage zu wählen, das läßt die Pflanzen bestens gedeihen. Mit dem Blatt-Impuls wird eine deutliche Ertrags- und Qualitätssteigerung erreicht.

Feldsalat (Rapunzel)

Feldsalat sollte im Frühjahr und Sommer immer an Blattagen ausgesät werden. Die Pflanzen schießen fast nie, da sie ihre ganze Kraft in das vegetative Wachstum (Blattwachstum) legen. Wir konnten aus einem Samenkorn salatkopfgroßen Feldsalat ernten, der sehr zart war und gut schmeckte. Für die Winter- und Frühjahrsernte wird an Blattagen im August oder September ausgesät.

Chicorée

Chicorée wird zwar an Blattagen gesät, für die Pflegearbeiten wählt man jedoch die Wurzeltage. Dadurch kommt es zur Entwicklung einer kräftigen Wurzel. Die wird an Blattagen geerntet und kommt in

Feldsalat, auch Rapunzel genannt

den Einschlag. Die Wurzel setzt man an Blattagen, die in der Pflanzzeit liegen, in den Boden. Wird eine schnelle Ernte gewünscht, dann wählt man Fischetage (Mond vor Fische). Soll die Ernte erst im Frühjahr sein, dann sind Krebs- oder Skorpiontage (Mond vor Krebs oder Skorpion) zu empfehlen.

Spinat

Der Spinat wächst besonders gut, wenn der Boden im Herbst vorher 1 kg reifen

Kompost pro m² bekam und der Spinat dann im Frühjahr ausgesät wird. Wenn die Sonne vor dem Sternbild Fische steht und der Mond vor Fische, Krebs oder Skorpion (Blatt-Impuls), dann ist die beste Aussaatzeit gekommen. Im Freiland wird dann nach ungefähr drei Wochen das erstemal gehackt. Im Glashaus ist der erste Hacktermin schon neun Tage nach der Aussaat. Zum Hacken und Spritzen benutzt man Blattage, denn dann gedeihen die Pflanzen am besten. Wird an Wurzeltagen gehackt, ist der Nitratgehalt höher. Der Blatt-Impuls bei Aussaat und Pflege führt hingegen zu niedrigen Nitrat-, aber zu hohen Zucker- und Eisenwerten. Es läßt sich also eine deutliche Qualitätssteigerung feststellen.

Petersilie

Petersilie

Für die Petersilie sind die Blattage für Aussaat und Pflege die optimale Konstellation. Für die Konservierung nimmt man zur Ernte und Verarbeitung die Blütentage.

Rasen

Gräser sollte man an Blattagen aussäen. Das Erdreich wird vorher mit reifem Kompost versorgt. Die Grassamen müssen angedrückt werden, da sie zum Keimen einen guten Erdkontakt brauchen. Danach ist der Boden feucht zu halten. Es wird abends gewässert.

Den ersten Schnitt empfehlen wir, wenn der Mond vor Krebs steht. Dann können sich die Wurzeln schnell wieder festigen. Das führt zu einem guten und dichten Wachstum der einzelnen Graspflanzen. Nach dem Schnitt spritzt man mit verdünnter Brennesseljauche (1 l Jauche auf 40 l Wasser, siehe Seite 45ff.).

Gedüngt wird mit Kompost, entweder wenn der Mond vor Krebs oder vor Skorpion steht.

Für den Schnitt gibt es zwei Alternativen. Wollen wir weniger oft mähen, weil wir beispielsweise nur wenig Zeit zur Verfügung haben, dann wählen wir Blütentage. Soll der Rasen schön dicht werden, dann mäht man an Blattagen. Allerdings müssen wir dann öfter schneiden, weil die Gräser schneller wachsen.

Soll der Rasen schnell und dicht wachsen, dann schneidet man ihn an Blattagen (links). Möchte man den Rasenmäher weniger oft einsetzen, dann wird an Blütentagen gemäht (rechts).

BLÜTENPFLANZEN

Zu den Blütenpflanzen zählen alle die Gewächse, bei denen wir Blütenreichtum erreichen wollen. Außerdem sollen die Einzelblumen der Pflanzen möglichst lange blühen.
Aussaat und Pflege sind in der Regel an Blütentagen vorzunehmen – das gilt auch für den Erntezeitpunkt (siehe Zeichnung auf der hinteren Klappe des Umschlages).

Zu dieser Gruppe zählen:
Heilpflanzen, von denen wir die Blüte verwenden
Brokkoli
Blumen, auch Schnitt- und Trockenblumen
Blumenzwiebeln

Immer wieder berauschend: ein blühendes Sonnenblumenfeld

Rosenbusch an unserem Haus: Zwischen Haus und Straßenrand ist nur 50 cm Platz. Im Herbst geben wir zwei Eimer gut verrotteten Kompost und eine Spritzung mit dem Fladenpräparat; im Frühjahr dann eine Hornmistspritzung und nach Blattaustrieb dreimal an Blütentagen frühmorgens das Hornkieselpräparat auf das Blatt.

Präparatepflanzen, aus denen wir die biologisch-dynamischen Kompostpräparate herstellen (siehe Seite 41).

Ölfruchte, wie zum Beispiel Sonnenblume oder Raps, gehören in gewisser Weise auch zu den Blütenpflanzen. Zwar erhalten wir den höchsten Samenertrag bei einer Aussaat an Frucht- und Samentagen, den höchsten Ölgehalt bekommen wir aber, wenn Hackarbeiten und Spritzen mit Hornkieselpräparat frühmorgens an Blütentagen durchgeführt werden. Das gleiche trifft für die Ernte der Pflanzen zu. Nachfolgend geben wir Ihnen einige Tips zur speziellen Behandlung einzelner Pflanzen dieser Gruppe.

Leinöl: Starke Unterschiede in der Farbe und der Ölmenge kommen von verschiedenen kosmischen Wirkungen bei der Anwendung des Hornkieselpräparates.

Schnittblumen

Für das Umpflanzen und Pikieren wählt man Blütentage, die in der Pflanzzeit liegen. Auch die Ernte, also das Abschneiden der Blüten, wird an Blütentagen vorgenommen. Der Duft ist dann am intensivsten, die Blumen bleiben sehr lange frisch und schön, und die auf dem Beet verbleibende Restpflanze bringt viele neue Seitentriebe. Dadurch bekommt man mehr Blütengenerationen und einen höheren Ertrag.

Werden Schnittblumen an Fruchttagen geerntet, zeigt sich auch eine gute neue Blütenbildung an der Restpflanze, aber diese Blüten bilden bald Samen aus, was unerwünscht ist.

Bei den Trockenblumen konnten wir beobachten, daß an Blütentagen geerntete ihre volle Farb- und Leuchtkraft behalten, die von anderen Erntetagen entfärben sich bald.

Blumenzwiebeln

Blumenzwiebeln werden am günstigsten an Blütentagen während der ersten Novemberhälfte gesteckt.

Heilpflanzen

Für die Ernte von Blüten, die zu Tee oder ähnlichen Zwecken verwendet werden, wählt man Blütentage – also bei Mond vor Zwilling, Waage oder Wassermann.

Schnittblumen sind an Blütentagen zu schneiden. Dadurch bleiben die Blumen in der Vase am längsten frisch, und der Duft ist am intensivsten. Außerdem bildet die auf dem Beet verbliebene Restpflanze viele neue Seitentriebe.
So bekommt man einen höheren „Blüten-Ertrag“.

Die Blüten trocknet man auf Papier an einem schattigen Ort.
Auch Blätter von Pflanzen, die wegen ihres ätherischen Öls angebaut werden (dazu zählen unter anderen Pfefferminze und Melisse), werden an Blütentagen zum Trocknen geerntet (siehe auch Kapitel „Ernte“, Seite 28ff.).

Der Brokkoli gehört zu den Blütenpflanzen, da er eindeutig positiv auf Blütentage reagiert.

Brokkoli

Der Brokkoli zeigte in vielen Versuchen eindeutig, daß er als Blütenpflanze behandelt werden möchte. Immer dann, wenn Licht-Impulse (siehe Seite 13 und Zeichnung auf der vorderen Klappe des Umschlages) bei der Aussaat aktiv waren, konnten wir schöne feste Köpfe ernten. Die Aussaat an Blattagen brachte eine Pflanze, die ihre ganze Kraft in das Blattwachstum legte, an Fruchttagen entwickelten sich viele kleine Knospen.

Präparatepflanzen

Für Anbau und Ernte der Pflanzen, aus denen die biologisch-dynamischen Präparate hergestellt werden, können wir folgende Empfehlungen geben:

An Blütentagen morgens wird der Löwenzahn gleich nach dem Aufblühen gepflückt. Die Blütenmitte muß noch geschlossen sein.

Kamille erntet man an Blütentagen kurz vor Johanni (24. Juni). Wird später gepflückt, fangen die Blüten schon an, Samen zu bilden. Aus diesen Blüten läßt sich kein wirksames Kamillepräparat mehr herstellen.

Wenn die Brennessel die ersten Blütenansätze zeigt, wird es Zeit für die Ernte. An Blütentagen wird der gesamte oberirdische Pflanzenteil geschnitten und zum Herstellen des Brennesselpräparates benutzt.

Baldrianblüten pflückt man an Blütentagen um Johanni.

Aus Löwenzahn, *Taraxacum officinale*, wird eines der biologisch-dynamischen Kompostpräparate gewonnen.

FRUCHTPFLANZEN

Zu den Fruchtpflanzen zählen wir alle die Pflanzen, die in der Regel auf Aussaat, Pflege und Ernte an Fruchttagen positiv reagieren. Dazu gehören:

Bohne
Erdbeere
Erbse
alle Getreidearten
alle Kürbisarten, auch Zucchini und Gurke
Linse
Mais
Paprika
Reis
Tomate
Strauch- und Baumobst

Will man Fruchtpflanzen zur Saatgutgewinnung anbauen, dann sollten Aussaat, Pflege und Ernte an Frucht/Samentagen (Tierkreissternbild Löwe, siehe auch Seite 13) stattfinden. Das bewirkt besonders gute Saatgutqualitäten, die die der anderen Fruchttage noch übertreffen.

Fruchttage eignen sich auch in besonderem Maße für die Herstellung von Milch-

Weizenfeld: Der Weizen gehört – wie die anderen Getreidesorten – zu den Fruchtpflanzen. Hier ein Weizenversuchsfeld unseres Hofes.

Erbsen gehören zu den Fruchtpflanzen.

produkten, Sauerkraut, milchsaurem Gemüse sowie zum Brotbacken.

Nachfolgend geben wir einige spezielle Tips für einzelne Gemüse- und Obstarten.

Erbse und Bohne

Die beiden Pflanzen bringen die besten Erträge, wenn sie an Frucht- oder Frucht/Samentagen gesät, gepflegt und geerntet werden.
Beide Gemüsearten gehören zur Familie der Leguminosen (Hülsenfrüchtler), die Stickstoff in ihren Wurzelknöllchen sammeln. Sät man an Wurzeltagen aus und pflegt auch dann, so bekommt man zwar einen geringeren Ertrag an Fruchten, der Besatz an Wurzelknöllchen ist allerdings am höchsten. Daher sind Wurzeltage für die Gründüngung zu empfehlen.

Linse

Für Linsen gilt das, was bereits für Erbsen und Bohnen gesagt wurde. In Versuchen konnten wir eindeutig feststellen, daß das Hacken und das Spritzen mit Hornkieselpräparat an Fruchttagen die Erträge deutlich steigert.

Tomaten werden an Fruchttagen gesät, gehackt und gepflegt.

Tomate

Tomaten sollten in jedem Fall an Fruchttagen gesät, gehackt und auch gepflegt werden.
Bricht man zum Beispiel die Seitentriebe (Geiztriebe) an Blattagen heraus, ist fast unweigerlich Pilzbefall an den Pflanzen die Folge. Ersatzweise können Blütentage für das Entgeizen gewählt werden.
Die Aussaat sollte am besten an Fruchttagen vorgenommen werden, wenn die Sonne vor dem Sternbild Wassermann steht.

Erdbeere

Wir sollten einmal die Walderdbeere betrachten. Wir können leicht feststellen, daß sie im Frühjahr blüht und dabei nur wenige Blätter entwickelt hat. Wenn die Früchte und danach die Samen an den Früchten ausgereift sind und abfallen, beginnt verstärkt das Blattwachstum. Auch die Blüten für das neue Jahr werden jetzt angelegt. Im Herbst verfärbt sich das Laub rot und vergeht dann über den Winter.
Dasselbe können wir bei unseren Gartenerdbeeren beobachten. Um gesunde aro-

Erdbeeren gedeihen am besten, wenn Sonne und Mond bei der Pflanzung vor Löwe stehen.

matische Erdbeeren ernten zu können, müssen wir den Pflanzen die richtige Pflege angedeihen lassen. Das heißt, daß wir gleich nach der Ernte mit der Pflege fürs nächste Jahr beginnen sollten. Die

Da wir in Waldnähe sind, müssen wir die reifenden Erdbeeren mit Netzen vor Vogelfraß schützen.

Ranken legen wir längs in die Reihen zurück. Dann geben wir reifen, also erdegewordenen Kompost zwischen die Reihen (Achtung: nicht auf die Pflanzen). Zwei 10-Liter-Eimer Kompost werden auf 10 m^2 Beetfläche leicht eingearbeitet. Das sollte an Fruchttagen während des absteigenden Mondes, also während der Pflanzzeit, geschehen. Im weiteren Verlauf hacken wir noch zwei- bis dreimal an Fruchttagen. Die biologisch-dynamischen Gärtner spritzen nach der Ernte an den Hacktagen (Fruchttagen) das Hornmistpräparat einmal gegen Abend. An den nächsten Fruchttagen – also neun Tage später – wird das Hornkieselpräparat am Morgen gespritzt. Weitere neun Tage später – an den nächsten Fruchttagen also – wird wieder am Morgen das Hornkieselpräparat gespritzt. Und schließlich spritzt man noch einmal neun Tage später – also wieder an den Fruchttagen – das Hornkieselpräparat nachmittags. So können die Pflanzen gut entvitalisieren. Im folgenden Frühjahr wird nur noch das Unkraut entfernt, sonst nichts weiter.

Geerntet wird am besten an Fruchttagen und an Blütentagen.

Erdbeeren wachsen in der Nähe des Pilzniveaus, daher darf nur an Fruchttagen gepflanzt werden. Dann ist die Anfälligkeit für Pilzbefall geringer.

Auf keinen Fall darf das Erdbeerlaub abgemäht werden, wie das teilweise empfohlen wird. Das führt zu faulenden Früchten.

Wenn wir dies alles beachten, lohnen uns die Pflanzen die Pflege mit einer reichen Ernte aromatischer und gesunder Früchte.

Baumobst und Strauchobst

Für die Pflanzung von Baum- und Strauchobst empfehlen wir die Monate Oktober und November, wenn die Blätter schon abgefallen sind. Auch hier muß auf den Fruchtungstyp geachtet werden. Das heißt, daß an den Fruchttagen gepflanzt wird, die in der Pflanzzeit liegen.

Der November eignet sich auch zum Düngen. Reifer Kompost wird auf die Kronentraufe aufgebracht. Die Bodenorganismen sind in diesem Monat noch tätig und verarbeiten die organischen Substanzen. Wichtig ist, daß der Kompost während der Pflanzzeit (absteigender Mond) gegeben wird. Es sollte kein unverrotteter Dünger verwendet werden, da das Pilz- und Schädlingsbefall fördert.

Die Zeit von Mitte Februar bis Mitte März eignet sich für das Schneiden der Edelreiser. Dabei sind die Zeit des aufsteigenden Mondes und Fruchttage zu wählen. Die

Oben rechts: Die Stachelbeere – eine Fruchtpflanze

Oben ganz rechts: Schwarze Johannisbeeren

Rechts: Äpfel zählen zu den Fruchtpflanzen.

Ganz rechts: Birnen

Edelreiser müssen in kühlen Räumen, eingeschlagen in feuchte Tücher, bis zur Veredelung aufbewahrt werden. Kühle Keller sind gut geeignet. Ende April bis Anfang Mai ist der günstigste Zeitraum für die Veredelung. Wir wählen für diese Arbeit die Zeit des aufsteigenden Mondes, speziell die Fruchttage in diesem Zeitraum.

Edelreiser von Obstbäumen werden bei aufsteigendem Mond von Mitte Februar bis Mitte März geschnitten.
Ein Schnitt an Fruchttagen ist empfehlenswert.

Rechts: Reiche und gesunde Ernte

Sollen Stecklinge von Beerensträuchern geschnitten werden, empfehlen wir die Zeit des aufsteigenden Mondes und Fruchttage. Sie werden genauso wie die Edelreiser in feuchte Tücher gehüllt und im kühlen Lager bis zum März aufgehoben. Die Stecklinge steckt man dann während der Pflanzzeit. (Für Stecklinge von Weiden wählt man entsprechend die Blütentage.)

Die Monate Januar bis März eignen sich für den Schnitt der Obstbäume. Wir wählen dafür Fruchttage aus der Pflanzzeit. Reichen uns die Fruchttage für die Arbeiten nicht aus, dann nehmen wir die Blütentage hinzu.

Für die Obsternte eignen sich die Fruchttage des aufsteigenden Mondes, denn dann bleiben die Früchte lange frisch und saftig.

Lagerobst wird am besten an Fruchttagen oder an Blütentagen geerntet. Blattage müssen wir unbedingt meiden, dann ist die Lagerfähigkeit nur gering. Am besten lagern wir die Früchte in Heu oder Stroh, das verlängert die Haltbarkeit.

Nach der Obsternte, am besten im November während der Pflanzzeit, ist der richtige Zeitpunkt für den Baumanstrich gekommen. Wir nehmen Rinderfladen und Ton oder Lehm zu gleichen Teilen und rühren mit Molke an, bis wir etwa die Konsistenz von Leimfarbe erreicht haben (Molke kann man in größeren Mengen über eine Molkerei beziehen). Dann reinigt man die Stämme und dickeren Äste mit einer Drahtbürste und streicht mit einer Anstreicherbürste an.

Hat man den November für diese Arbeit verpaßt, kann sie im Februar oder März nachgeholt werden.

Fruchttage

Obstbäume werden am besten Ende April/Anfang Mai während aufsteigendem Mond an Fruchttagen veredelt.

ANHANG

Bezugsquellen

Fladenpräparat

Wedig von Bowin
Hof Eichwerder
D-23730 Schashagen

Hornmist-, Hornkiesel- und Kompostpräparate (auch Baldrianpräparat)

Dr. Christian von Wistinghausen
Brunnenhof in Mäusdorf
D-74653 Künzelsau

Register

(Halbfette Seitenzahlen verweisen auf Abbildungen.)

Verlag „Aussaattage"

Diese Schriften können über den Fachhandel oder direkt über den „Aussaattage M. Thun-Verlag", Postfach 1518, D-35205 Biedenkopf bezogen werden.

„Unkraut- und Schädlingsregulierung aus der Sicht der Konstellations- und Potenzforschung". Ergebnisse langjähriger Unkrautversuche und daraus resultierende Empfehlungen für die Praxis. Beobachtungen und Erfahrungen mit tierischen Schädlingen sowie Methoden zu ihrer Regulierung.

88 Seiten

„Milch und Milchverarbeitung" aus der Sicht der Konstellatonsforschung. Konstellationsempfehlungen und Rezepte für die Herstellung von Butter, Käse, Joghurt sowie dem Umgang mit Milch und Molke.

64 Seiten

Hinweise aus der Konstellationsforschung

88 Seiten

Das Bild der Sterne im Wandel der Zeit

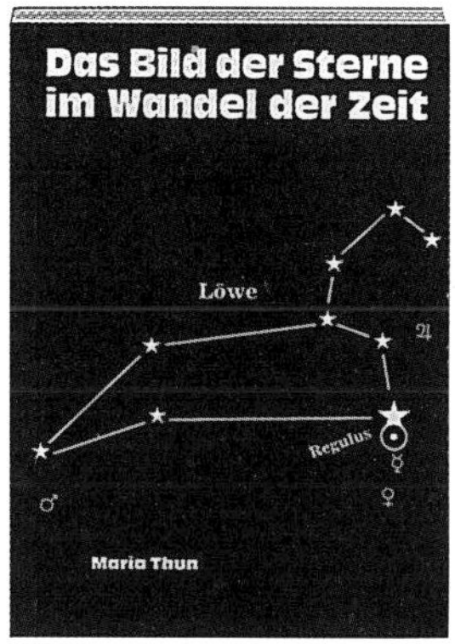

64 Seiten

Aussaattage 1995 – Mit Pflanz-, Hack- und Erntezeiten und günstigen Arbeitstagen für den Imker 1995

48 Seiten

Der große Garten-Ratgeber

Jürgen Wolff (Hrsg.)
Mein schöner Garten
Das umfassende Handbuch für alle Gartenfreunde, die mehr Freude und Erfolg im eigenen Garten haben wollen. Es bietet Rat für alle Fragen rund um Balkon und Garten und beschreibt Schritt für Schritt alle wichtigen Arbeiten des Hobbygärtners.

- Gartenpläne zum Nachahmen für große und kleine Gärten
- Pflegebeschreibungen von mehr als 1000 Pflanzen
- Pflanzen selbst vermehren
- Erfolgreich kompostieren
- Den eigenen Wassergarten gestalten
- Gärtnern auf Balkon und Terrasse
- Sicher durch das Gartenjahr mit dem Jahresarbeitskalender

320 Seiten, 472 Farbfotos, 169 Farb- und 6 SW-Illustrationen
ISBN 3-440-06778-5

ERLEBNIS GARTEN

franckh kosmos